ライバルに差をつけろ！自主練習シリーズ

中学野球

著　西村晴樹

（駿台学園中学校　軟式野球部監督）

ベースボール・マガジン社

はじめに

　駿台学園中学校野球部は 2022 年の全国中学校軟式野球大会で日本一になることができました。しかし、環境に恵まれているわけではありません。専用グラウンドはなく、校庭も他の部活動が使用するため、校内で使用できるスペースは柔道場のみ。週に何日かは学校の近くにある公営の野球場を借りていますが、それ以外の日は柔道場で練習しています。

　それでも日本一になることができたのは、野球の技術を追求して、持っている能力を試合で表現する力を高めてきたからだと自負しています。

　私は、中学野球は高校野球で活動していくための準備期間だと考えています。高校生になれば、練習の量と質が一気に上がります。そのときのために、中学生の間にケガをしない体をつくり、自分の体を思い通りに動かせるようにしておく。その土台の上に強さや速さを求めていき、さらにそれが緊張した場面で発揮できるように高めています。

　その出発点は、やはり「基本」。駿台学園中では、まず基本となるフォームや正しい体の使い方を指導しています。それはケガの予防にもつながります。

　生徒たちは限られた環境と時間で練習に取り組んでいます。メニューの多くは、体をつくるトレーニングの動きが野球の技術につながっているもの。「何のためにやるのか」「どういう動きをするのか」を明確にして、意識するべき点を確認しながらやっています。

　トレーニングと技術が直結しているので、やればドンドンうまくなっていく。それがわかると、練習がドンドン楽しくなる。「やらされる練習」ではなく「自主的にやる練習」になっています。

　本書では、「打撃」「守備」「走塁」「投球」の基本をお伝えしながら、それらを身につける練習メニューのうち、狭いスペースで少人数でできるものを紹介していきます。読んでくださる人にとって、少しでも技術が上達するヒントになれば、と願っています。

西村晴樹

本書の使い方

　本書では野球の競技力アップに役立つ基本的なメニューを紹介しています。少人数でできる内容になっており、個別の課題練習や自主練習などで個人の能力を高めるために活用してもらえれば幸いです。身につけてほしい技術やその感覚などを掲載しているので、ぜひ試してみてください。

練習名
練習の内容に
沿ったメニューの名前

目的・効果
この練習で身につく
技術がひと目でわかる

解説
この練習の意味や気をつけて
ほしい点、やり方を詳しく説明

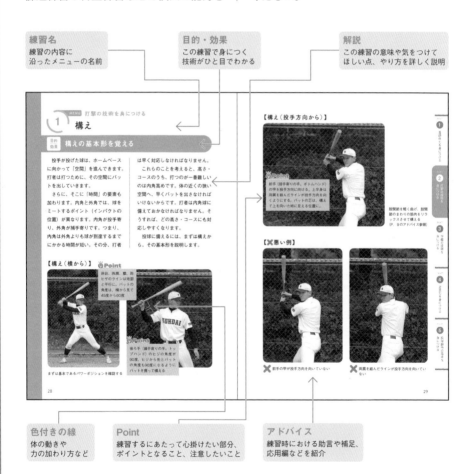

色付きの線
体の動きや
力の加わり方など

Point
練習するにあたって心掛けたい部分、
ポイントとなること、注意したいこと

アドバイス
練習時における助言や補足、
応用編などを紹介

もくじ

#第3章 守備の技術を身につける ···················· 57

#第4章 走塁力を身につける ························ 83

#第 5 章　投球動作の基本を身につける ………………… 119

#第1章

基礎体力を身につける

　野球には「打つ」「捕る」「投げる」「走る」といった、さまざまな動作があります。よりうまく、より速く、より強く動くために、まずは基礎体力を身につけましょう。基礎体力の練習は地道です。しかし、自分の身体を思い通りに動かすことができるようになっておけば、打撃、守備、投球などの練習で技術を身につけることができ、思い通りのプレーができるようになっていきます。

① パワーポジション

目的・効果 最も力が入る姿勢を覚える

野球では、攻撃でも守備でも、静止した状態から左右や前後に素早く動くことが求められます。それには、最も力が出せる姿勢から動き出すことが重要です。その姿勢を「パワーポジション」と呼びます。わかりやすく言うと、真上にジャンプする前に、かがんだ時のような姿勢です。

まず、両足を肩幅よりも広く開き、つま先（中指）とヒザの向きを一致させて立ちます。そこから股関節を曲げると、ヒザも自然に曲がります。目線は正面に向け、背筋は伸ばしたままで、骨盤を少し前に傾けます。横から見ると、つま先－ヒザ－肩が－直線になっているようにします（下の写真参照）。このパワーポジションがすべての動きのもとになるので、しっかり覚えましょう。

【前から】

両足の太ももの内側の筋肉（内転筋）を意識する。つま先ではなく、親指の付け根のふくらみ（母指球）で体重を支える

【横から】

つま先－ヒザ－肩が－直線になるように前傾する。ヒザがつま先よりも前に出ないようにする

【✘悪い例】

✘ 骨盤が前傾していない

✘ 骨盤が前傾しすぎている

PART
1
基礎体力を身につける

PART
2
打撃の技術を身につける

PART
3
守備の技術を身につける

PART
4
走塁力を身につける

PART
5
投球動作の基本を身につける

👉アドバイス!

股関節のまわりをリラックスさせる

骨盤が正しく前傾していることで、股関節のまわりの筋肉（腸腰筋群。大腰筋、小腰筋、腸骨筋）がリラックスします。これが捻りのパワー（回旋の力）を生み出し、次の動き出しをスムーズにします。試しに、上の悪い例の姿勢で上半身を左右に捻ってみてくだ

さい。次に、正しく前傾させた姿勢で同じ動きをしてみましょう。正しく前傾している方が大きく動かせることがわかると思います。このように、正しい姿勢で体を動かすことがパフォーマンスの向上につながります。

肩甲骨体操

目的
効果 **肩甲骨の可動域を広げる**

　みなさんも今までに一度は「肩甲骨の動きが大事だ」と聞いたことがあるでしょう。これは投手に限った話ではありません。打撃も投球も、下半身（足のつま先から股関節まで）が生み出した力を体幹（胴体の部分。腹筋、背筋など）から腕、そして指先へと効率よく伝えていかなければいけません。その中で、肩甲骨を大きく動かせることがパフォーマンス向上やケガの予防につながります。

　肩甲骨の動きには「挙上」「下制」「内転」「外転」「上方回旋」「下方回旋」の6つがあります。これらを理解したうえで、これからご紹介する「肩甲骨体操」で肩甲骨のまわりの筋肉の柔軟性を高め、可動域を広げていきましょう。

【肩甲骨の動き】

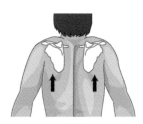

挙上

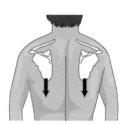

下制

内転

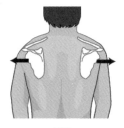

外転

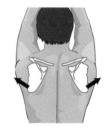

上方回旋

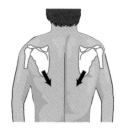

下方回旋

【肩甲骨体操1】

①両手にチューブを持つ②両手を前から上にゆっくり上げる③手のひらが前を向くようにして両手を頭の上まで上げたら、胸を張ったまま体の脇へゆっくり下ろしていく（チューブは背中側を通す）。ヒジを曲げずにおこなう④そこから逆再生のようにして、元に戻す。これを10回繰り返す

【肩甲骨体操2】

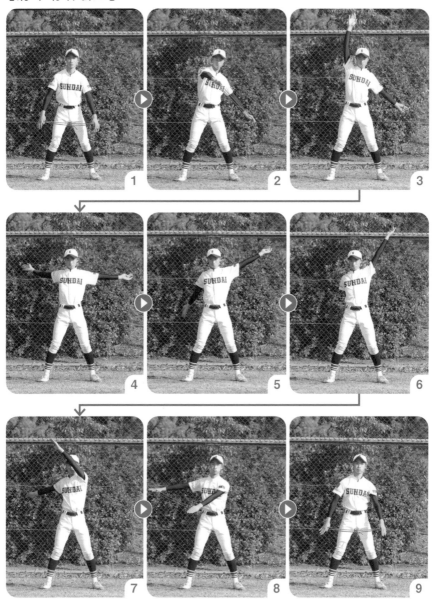

①両手にチューブを持つ②右腕を時計回りに円を描くようにゆっくり回しながら、背中側へもっていく③右手が真上に来たタイミングで、左腕を時計回りに円を描くようにゆっくり回す。ヒジを曲げず、頭の位置を動かさずにおこなう。これを10回繰り返す。次に左腕から反時計回りに、同様に10回繰り返す

【肩甲骨体操3】

①両手にチューブを持ち、前屈する②上半身を反らせながら、時計回りに円を描くように体を回していく。同時に、両腕を「肩甲骨体操2」と同様に回す。ヒジを曲げず、指先がつま先の前を通るようにする。つま先の前を通すことで肩甲骨だけでなく、胸骨の動きや股関節まわり、太ももの裏（ハムストリング）の柔軟性にも効果がある。これを10回繰り返す。次に、反時計回りにも同様に10回繰り返す

PART
1
基礎体力を身につける

PART
2
打撃の技術を身につける

PART
3
守備の技術を身につける

PART
4
走塁力を身につける

PART
5
投球動作の基本を身につける

【肩甲骨体操4】

①両手にチューブを持ち、前屈する②右腕を体の側面から上げ、右腕と左腕を地面と垂直にする③上半身を起こし、右腕と左腕を地面と平行にする（手のひらは前に向ける）④両腕を下げる⑤右腕を真っすぐ上げる⑥右腕と左腕が地面と平行になるようにする（手のひらは前に向ける）⑦左腕を体の側面から上げ、右腕と左腕が地面と垂直になるようにする⑧右手で右足のつま先にタッチする⑨左手も左足のつま先にタッチ。元の姿勢に戻ったら、逆再生のように②から⑨を左右を入れ替えておこなう。これを5回繰り返す

【肩甲骨体操 5】

①チューブを背中側に通し、両手で持つ②上半身を反らせながら、両手を胸の前に突き出して、伸ばす
③ヒジを曲げ、胸を張りながら両手を戻す。これを10回繰り返す

アドバイス!

肩甲骨の動きを意識する

肩甲骨体操は「今、肩甲骨がこう動いている」と意識しながらおこなうと、より効果的です。たとえば「肩甲骨体操5」では、両手を前に突き出す時には左右の肩甲骨をできるだけ引き離し

て、外転していることを意識します。ヒジを曲げ、胸を張りながら両手を戻す時には、左右の肩甲骨をできるだけ引き寄せて、内転していることを意識します。

肩のインナーマッスルのトレーニング

目的 効果 肩のインナーマッスルを強化する

肩関節はさまざまな方向に動きますが、それを支えているのが肩のインナーマッスル。棘上筋（きょくじょうきん）、棘下筋（きょくかきん）、肩甲下筋（けんこうかきん）、小円筋（しょうえんきん）の４つによる筋肉群です。ここを強化すれば肩関節を安定させることができ、ケガの予防につながります。

特に現在の中学生のみなさんは、勉強している時やスマートフォンを使っている時の姿勢などによって肩が前方に出てしまう、いわゆる「巻き肩」になっている傾向があります。これを正しい位置に矯正するためにも、日ごろから肩のインナーマッスルを鍛えておきましょう。トレーニングは軽い負荷のチューブなどでおこないます。

【①チューブ上方回旋】

①左足でチューブを踏み、右手で持つ②脇の角度が約45度になるようにゆっくり引き上げる。左も同様におこなう。左右10回ずつ×２〜３セット

【②チューブ外旋】

①チューブをヒジの高さに合わせ、ヒジを90度曲げて右手で持つ②ヒジの位置を動かさず、ヒジから先をゆっくり体の外側に開いていく。左も同様におこなう。左右10回ずつ×2〜3セット

【③チューブ内旋】

①チューブをヒジの高さに合わせ、ヒジを90度曲げて右手で持つ②ヒジの位置を動かさず、ヒジから先をゆっくり体の内側に閉じていく。左も同様におこなう。左右10回ずつ×2〜3セット

【④チューブ外転】

①仰向けに寝る。チューブを背中に通して持ち、両腕を地面と垂直にする②肩甲骨を外転させ（左右の肩甲骨を引き離す動き）、腕をさらに上に伸ばす。10回×2〜3セット

PART
1
基礎体力を身につける

PART
2
打撃の技術を身につける

PART
3
守備の技術を身につける

PART
4
走塁力を身につける

PART
5
投球動作の基本を身につける

4 腹筋のトレーニング

目的・効果 身体の芯を強くする

投球や打撃の動作で下半身が生み出した力を指先まで伝えていく時、間にある体幹（胴体の部分）が弱ければ、うまく伝わりません。体幹の中で、腹筋（腹直筋、腹斜筋など）は正しい姿勢の保持や、打撃や投球に必要な捻る動作に重要な役割を果たしています。

ここでは腹筋を鍛えるためのトレーニングを紹介します。メディシンボールがなければ、バスケットボールなどを代用してもかまいません。

【①メディシンボール　フロント】

①ヒザを軽く曲げて座り、正面からパートナーにボールを投げてもらう
②キャッチして、投げ返す。30回×2セット

【②メディシンボール　サイドキャッチ＆スロー】

ヒザを軽く曲げて座る。上体を45度後ろに倒し、足を地面から浮かせてキープする

①左側にいるパートナーから、体の右側へボールを投げてもらう②上体を捻りながらキャッチしたら、捻り戻しながら投げ返す。20回。右側からも同様に繰り返す

🤚アドバイス！

腹筋で捕り、
腹筋で投げる

　メディシンボールをキャッチする時も投げる時も、腹筋の力を使います。腕の力を使うのではありません。「腹筋を鍛えている」と意識しながら、取り組みましょう。

【③メディシンボール　足はさみツイスト】

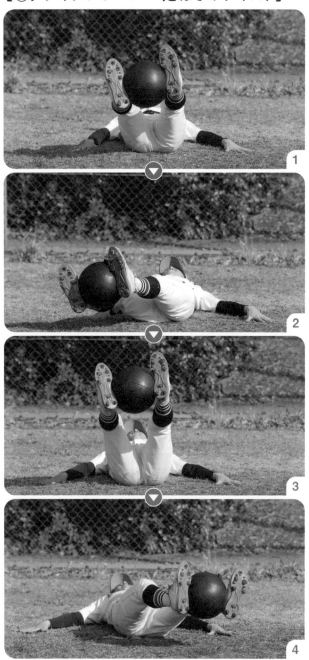

①仰向けに寝て、メディシンボールを足で挟み、地面から浮かせる②ゆっくり右側へもっていき、ゆっくり戻す③そのまま左側へもっていき、また戻す。腹筋の力を使って、足が地面につかないようにキープすること。左右から正面へ戻す時にも反動を利用するのではなく、腹筋の力を使う。10往復

PART
1
基礎体力を身につける

PART
2
打撃の技術を身につける

PART
3
守備の技術を身につける

PART
4
走塁力を身につける

PART
5
投球動作の基本を身につける

MENU 5 パワーポジション

股関節まわりのトレーニング

目的効果 股関節まわりを強化し、可動域を広げる

股関節の動きは、肩甲骨や体幹と同じく重要です。股関節の可動域が狭いと、ゴロを捕る時に姿勢を低くできないなど、プレーに影響が出てしまいます。また、下半身が生み出した力を指先まで伝えていくうえでも、股関節のまわりの筋肉（腸腰筋、大殿筋など）は大きな役割を果たしています。ここでは股関節まわりを強化するトレーニングを紹介します。

【①ヒップウォーク】

①ヒザを伸ばして座る②骨盤の右側を前に出して右足を前に出す③骨盤の左側を前に出して左足を前に出す。ヒザを曲げてかかとを使って進むのではない。これを繰り返して20m前進したら、後ろ向きに20m戻る

【②モンモン】

パワーポジション（P8参照）をつくり、両腕を
胸の前で真っすぐに伸ばす

腕は地面と水平に

①一番上の姿勢を15秒キープ
する②次の15秒間で、左へ2
歩進み、右へ2歩戻る動きを繰
り返す③静止して、30秒間キー
プ④次の30秒間で②と同様
に左右へ動く⑤静止して、45
秒間キープ⑥次の45秒間で②
と同様に左右へ動く③静止して、
60秒間キープ④次の60秒間で
②と同様に左右へ動く

【③サイドジャンプ５秒キープ】

①パワーポジションを確認してから、右足に体重を乗せる②右足で踏み切り、斜め左へジャンプ③左足で着地する④左足に体重を乗せて５秒間キープする⑤左足で踏み切り、同様に繰り返して20m進む

アドバイス！

股関節の力でジャンプする

ジャンプする時は、軸足（踏み切る足）の股関節に力が入っていることを意識しましょう。腕の力は抜きます。腕を振った反動でジャンプしないこと。足の裏全体で地面をつかむようにして着地したら、着地した足の股関節に体重を乗せます。

23

6 基礎体力を身につける

下半身から上半身への連動

目的効果 下半身からの力の伝え方をトレーニングで覚える

下半身（足のつま先から股関節まで）が生み出した力を上半身（体幹から腕、指先）へと効率よく伝えるには、どうしたらいいのでしょうか。実際にボールを打ったり投げたりしながら正しい動作を習得しようとしても、動作が複雑で難しく、反復できる数にも限りがあります。

そこで駿台学園中では、下半身と上半身の動きを連動させたトレーニングを実施しています。これから紹介するメニューでは、腹筋や背筋を鍛えながら、正しい力の伝え方を覚えることができます。腕の力ではなく、股関節、腹筋、背筋の力を使うことを意識しながら取り組んでください。

【①メディシンボール上方止め】

①パワーポジションでボールを持つ②股関節を曲げて姿勢を低くする③股関節を伸ばして一気にボールを上に持ち上げる④頭の上でしっかり止め、ふらつかないように我慢する。10回×2セット

【②メディシンボール上方投げ】

①パワーポジションでボールを持つ②股関節を曲げて姿勢を低くする③股関節を伸ばして一気にボールを真上へ投げる④落ちてくるボールをキャッチして、パワーポジションをつくる。10回×2セット

【③メディシンボール後方投げ】

①ボールを頭の上で持つ②後ろへ軽くジャンプしながら、股関節を曲げて姿勢を低くする③股関節を伸ばして一気にボールを真後ろへ投げる。5回

より遠くへ

<アドバイス!>

力を伝えたい方向を意識する

　メディシンボール投げでは、力を伝えたい方向（真上もしくは真後ろ）を意識します。股関節を伸ばすことで地面から得られるエネルギー（地面反力）を利用して、より高く、より遠くを目指して投げましょう。投げたい方向に投げるために力を調整するのではなく、全力で投げながらボールを放すタイミングやコントロールの感覚をつかんでください。

#第2章

打撃の技術を身につける

　プロ野球選手の打撃フォームは、選手それぞれの個性があります。ただし、それは「応用」。まずは「基本」が大事です。基本を理解して、それができるようになる。その上に応用があります。中学生の間に基本ができていれば、高校生になって体が成長した時に、自分の長所を生かしたバッティングができるようになります。

　打撃の動作は複雑で、すべてを同時に覚えるのは難しい。まずは動作を細かく分けて、それぞれの部分で基本を知り、意識するべき点を覚えましょう。それからトレーニングやドリルで全体を連動させて、できるようにしていきます。

　トレーニングやドリルは、「量」以上に「質」が大事です。ただ回数をこなすのではなく、1回1回で正しい動きを確認しながら取り組んでください。

1 構え

目的 効果　構えの基本形を覚える

　投手が投げた球は、ホームベースに向かって「空間」を進んできます。打者は打つために、その空間にバットを出していきます。

　さらに、そこに「時間」の要素も加わります。内角と外角では、球をミートするポイント（インパクトの位置）が異なります。内角が投手寄り、外角が捕手寄りです。つまり、内角は外角よりも球が到達するまでにかかる時間が短い。その分、打者は早く対応しなければなりません。

　これらのことを考えると、高さ・コースのうち、打つのが一番難しいのは内角高めです。体の近くの狭い空間へ、早くバットを出さなければいけないからです。打者は内角球に備えておかなければなりません。そうすれば、どの高さ・コースにも対応しやすくなります。

　投球に備えるには、まずは構えから。その基本形を説明します。

【構え（横から）】

Point
両目、両肩、腰、両ヒザのラインは地面と平行に。バットの角度は、横から見て45度から60度

まずは基本であるパワーポジションを確認する

Point
後ろ手（捕手寄りの手。トップハンド）のヒジの角度が90度、ヒジから先とバットの角度も90度になるようにバットを握って構える

【構え（投手方向から）】

Point

前手（投手寄りの手。ボトムハンド）の甲を投手方向に向ける。上半身は両肩を結んだラインが投手方向を向くようにする。バットの芯は、構えて上を向いた時に見える位置に。

股関節を軽く曲げ、股関節のまわりの筋肉をリラックスさせて構える（P9のアドバイス参照）

【✗悪い例】

✗ 前手の甲が投手方向を向いていない

✗ 両肩を結んだラインが投手方向を向いていない

PART
1
基礎体力を身につける

PART
2
打撃の技術を身につける

PART
3
守備の技術を身につける

PART
4
走塁力を身につける

PART
5
投球動作の基本を身につける

2 割れ

目的効果 「割れ」の基本形を覚える

　構えた後、投球モーションに合わせて、動き出します。両手（バットのグリップ）を弓を引くように捕手方向に引き、前足（投手寄りの足）を投手方向に踏み出します。この段階を「割れ」と呼びます。

　前足の股関節を内に捻って、足を上げ始めます（次ページのアドバイス参照）。ここでもパワーポジションを意識してください。軸足（捕手寄りの足）のヒザはつま先の真上にあるようにして、親指の付け根のふくらみ（母指球）で体重を支え、軸足の内側を意識して力をためます。そこから投球にタイミングを合わせながら、前足を踏み出していきます。

　つま先が着地した時、バットのグリップは最も捕手方向に引かれています。これが「トップ」です。弓矢でいうと、矢が最も引かれたところ。力を最大にためた状態で、スイングを迎えます。

【割れ】

バットのグリップを捕手方向に引いても、
上半身は捻りすぎないようにする

Point

下半身は捕手方向に捻られているが、上半身は
両肩を結んだラインを投手方向へ向けたまま

【前足を踏み出す位置】

この形になっていれば、軸足にたまった力を最大に発揮したスイングができる

PART
1
基礎体力を身につける

PART
2
打撃の技術を身につける

PART
3
守備の技術を身につける

PART
4
走塁力を身につける

PART
5
投球動作の基本を身につける

👆Point

前足のヒザが、軸足のヒザよりも前（ホームベース寄り）に出るように踏み出す

👋アドバイス！

足の上げ方をカウントによって使い分ける

「割れ」でタイミングを取る方法は、大きく分けて3種類あります。

1）足を上げる

体重移動が大きい分だけ、球に大きな力を伝えられます。ただし、足を上げて下ろすまでに時間がかかる分だけ、下ろし始めるタイミングが難しい。投球とのタイミングが合わせられないと、速球に差し込まれやすくなってしまいます。

2）すり足

足を高く上げないことで、投球とのタイミングが合わせやすくなります。

3）ノーステップ

あらかじめ前足を踏み出して、つま先を着けた状態で構え、軸足から前足への体重移動だけで打つ。球への対応はしやすくなりますが、バットを振る出力は足を上げた場合よりも小さくなります。

それぞれの方法を、カウントによって使い分けましょう。2ストライクに追い込まれたら、すり足やノーステップにして、どんな球にも対応できるように備えます。さらに、相手の勝負球を頭に入れ、逆方向へ打つことを意識する。バットを短く持って、より引き付ける意識で打つ。そうした工夫をすれば、簡単には空振りしません。

3 スイングスタート

「かかとスイッチ」を覚える

　前足のつま先が着地した後、かかとが着地します。これと同時に、スイングが始まります。前足のかかとの着地は、スイングスタートのスイッチなのです。ここから先、軸足（捕手寄りの足）に乗っていた体重が前足へ移動していきます。また、軸足の股関節を内に捻ることで、骨盤が投手方向に回転していきます。

　ここで大事なのは、体重移動が始まっても、両肩はまだ投手方向を向いたままであること。骨盤が回転し始めているのに対して、上半身（両肩のライン）の回転を一瞬ガマンしている状態です。このように骨盤と上半身に捻れが生じることで、スイングスピードをより上げることができます。捻れがなく、骨盤と両肩が同時に回転してしまうのが、いわゆる「(投手側の)肩の開きが早い」という現象です。こうなると、下半身の力を十分にバットに伝えることができません。

【かかとスイッチ】

Point
前足のつま先が着いた段階では、まだスイングは始まっていない

1

Point
かかとが地面に着いたと同時に、スイングが始まる

2

4 インサイドアウトのスイング

目的
効果 「バットの入り口」を覚える

「かかとスイッチ」でスイングを始めたら、後ろ手のヒジをみぞおちの前あたりを通るように入れていきます。「わきを締めろ」と言われることが多いと思いますが、後ろ手の手のひらの小指側を内側に捻る（「前にならえ」をした手のひらを上に向ける動き）ことで後ろ手のヒジが体に近づき、わきは自然に締まります。バットは後ろ（捕手寄り）の肩口を通ります。ここが「バットの入り口」です。

この動きにより、バットはグリップが先行する形で出ていきます。そして、先に出ていったグリップを支点にして、バットのヘッドが体から離れていきます。これが、いわゆる「インサイドアウト」のスイング。速いヘッドスピードでインパクトを迎えることができます。

【バットの入り口】

1

この時点ではバットのヘッドが体から離れていない。体から離れて捕手方向に傾いてしまうと、いわゆる「ドアスイング」になり、スイングスピードが上がらない

2

💡Point
グリップを先行させ、バットを肩口から出していく

5 高さ別の打ち方

目的 効果 高め、低めの打ち方を覚える

　ストライクゾーンは高め・低め、内角・外角があり、立体的です。P28の「構え」でも少し触れましたが、バットが球をとらえる位置は高さやコースによって異なります。つまり、それぞれの打ち方があるということ。

P33で説明したスイングに、アレンジが必要です。

　高めを打つ時は、バットを寝かせてから出していきます。

　低めを打つ時は、バットのグリップを下げてから出していきます。

【高めの打ち方】

💡**Point**

バットを寝かせてから出していく。

【低めの打ち方】

💡**Point**
バットのグリップを下げてから出していく

バットは「バットの入り口」である肩口を通らない

バットは「バットの入り口」である肩口を通る

6 コース別の打ち方

目的効果　内角、外角の打ち方を覚える

　内角と外角では、球が投手の手を離れてから到達するまでの時間に差があります。当然、打ち方が異なります。

　内角は、体の近くの狭い空間へ、早くバットを出さなければいけません。構えでは後ろ手のヒジの角度は90度ですが、内角はその角度を90度から鋭角にたたみながら、バットを出していきます。

　外角は内角と比べると空間が広い。後ろ手のヒジの角度を90度から鈍角に開きながら、バットを出していきます。内角と比べると到達するまでの時間が遅いので、上半身（両肩のライン）の回転をガマンして、球を引きつける必要があります。

【内角の打ち方】

Point

後ろ手のヒジをたたみながらバットを出していく。バットはバットの入り口を通る

【外角の打ち方】

Point

後ろ手のヒジを開きながらバットを出していく。バットは肩口よりも低いところを通る

MENU 7 打撃の技術を身につける

前足スライド

目的 効果 「割れ」での軸足の力を強くする

ここからは基本を身につけるための練習を紹介します。
「割れ」では軸足の内側を意識して力をため、前足のヒザが軸足のヒザよりも前（ホームベース寄り）に出るように踏み出すことが大事です(P30、31参照)。「前足スライド」で、「割れ」での下半身の動きを身につけながら、軸足の内側の筋肉（内転筋）を鍛えていきます。

1

2

①前足をマーカー（ひっくり返して使用）や紙製の皿など、すべりやすいものの上に乗せ、バットを構える②7秒間かけて、前足をゆっくり投手方向へスライドさせる。前足のヒザが軸足のヒザよりも前に出るようにする③7秒間かけて、ゆっくり戻す。15回×２セット

Point

投手方向へスライドさせる時も戻す時も、軸足の内側の力を使う。前足には力を入れない

8 割れチューブ

目的効果 「割れ」の動きを身につける

「割れ」では構えから両手を捕手方向に引き、前足を投手方向に踏み出します。「両手は後ろ、前足は前」というクロスの動きです。この時、上半身は捻りすぎないようにするのがポイントです。この動きを、チューブを使ったトレーニングで身につけます。負荷をかけた状態でおこなうことで、バットを背中側まで引いてしまう動きを防ぐことができます。

①バットのグリップと前足の裏にロングチューブを掛ける
②両手を捕手方向に引きながら、前足を投手方向へ踏み出す。前足のヒザが軸足のヒザよりも前に出るようにする③前足のつま先が着地した時、バットのグリップは最も捕手方向に引かれているようにする。10回×2セット

Point

両目、両肩、腰のラインは地面と平行

9

前手チューブ

スイングでの前手の動きと下半身の動きを連動させる

「かかとスイッチ」でスイングが始まると、バットはグリップが先行する形で出ていきます。この時、体重移動は始まっていますが、両肩はまだ投手方向を向いたまま。上半身の回転は始まっていません。チューブを使った前手のトレーニングで、前手と下半身の連動性を身につけます。

①地面に置いたバットの幅で足を開き、前手でロングチューブを持つ②前足を上げ、投手方向に踏み出す③「かかとスイッチ」で前手でチューブを引き始める④前手を伸ばしてから、軸足の股関節を内側に捻って骨盤を回転させることで、さらにチューブを引く。前手の力だけでチューブを引くのではない。10回×2セット

Point

下半身で押し込むイメージで、チューブを引く。前手の力でチューブを引くと、下半身と上半身がいっしょに回転してしまい、いわゆる「（投手側の）肩が開く」状態になるので、力が十分に伝わらない

10 後ろ手チューブ

目的効果 スイングでの後ろ手の動きを身につける

インサイドアウトのスイングでは、後ろ手のヒジをみぞおちの前あたりを通るように入れていきます。チューブを使った後ろ手のトレーニングで、この動きを身につけます。

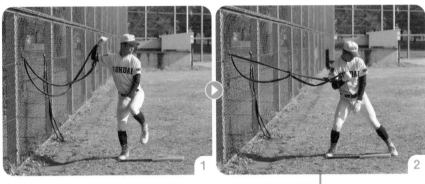

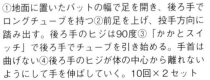

①地面に置いたバットの幅で足を開き、後ろ手でロングチューブを持つ②前足を上げ、投手方向に踏み出す。後ろ手のヒジは90度③「かかとスイッチ」で後ろ手でチューブを引き始める。手首は曲げない④後ろ手のヒジが体の中心から離れないようにして手を伸ばしていく。10回×2セット

💡Point

後ろ手の手のひらの小指側を内側に捻る（「前にならえ」をした手のひらを上に向ける動き）ことで、後ろ手のヒジを体に近づける

11 グリップ先行チューブ

目的・効果　グリップを先行させるスイングを身につける

　インサイドアウトのスイングでは、後ろ手のヒジをみぞおちの前あたりを通るように入れていくことで、バットはグリップが先行する形で後ろ（捕手寄り）の肩口（バットの入り口）を通って出ていきます。チューブを使ったトレーニングで、この動きを身につけます。前手、後ろ手のトレーニングでやったことを確認しながら、おこないましょう。

①両手の間にロングチューブを挟み、トップの形をつくる②「かかとスイッチ」で後ろ手のヒジがみぞおちの前あたりを通るように入れていく。10回×3セット

Point

バットは肩口（バットの入り口）を通る。ここから先の動きで、グリップを支点にしてバットのヘッドが体から離れていく

12 丸板スイング

目的 効果 肩甲骨の動きでトップとインパクトの形をつくる

スイングの動作では、左右の肩甲骨が複雑に動きます。「割れ」では投手寄りの肩甲骨が外転し、捕手寄りの肩甲骨は内転しながら少し上方回旋します。「かかとスイッチ」でスイングが始まると、捕手寄りの肩甲骨が外転しながら下方回旋します（P10「肩甲骨の動き」参照）。丸板（直径約20cm）を使ったトレーニングで肩甲骨が十分に動くようにしましょう。丸板がなければ、輪投げのリングなどで代用できます。

①丸板を持って構える②トップの形をつくる③「かかとスイッチ」でインパクトの形をつくる。投手側のヒジが上がりすぎないようにする。20回

Point

肩甲骨の動きでトップの形をつくり、肩甲骨の動きでインパクトの形をつくる

13 胸郭可動域アップトレーニング

目的 効果 ## 胸郭の可動域を広げる

肩甲骨を動かそうとする時、胸郭（きょうかく）（胸椎（きょうつい）、肋骨（ろっこつ）、胸骨（きょうこつ））の可動域が狭いと、それを妨げてしまいます。また、スイング動作では骨盤が回転することで体幹が回旋しますが、そのなかで胸椎の回旋が重要な役割を担っています。胸郭の可動域が広ければ、骨盤が回転した時に上半身（両肩のライン）の回転を一瞬ガマンすることができます。この捻じれがスイングスピードを速くします（P32参照）。さらに、胸郭の動きは呼吸にも大きな関わりがあります。

「胸郭可動域アップトレーニング」で呼吸を意識しながら、胸郭の可動域を広げていきましょう。

①パワーポジションの姿勢で、バットを胸の前で構える②息を吐きながら、右へ捻る。息を吐き切る③息を思い切り吸ってから、吐きながら左へ捻る。息を吐き切る。5往復×3セット

🔆Point

腰は回転させない。バットは肩の高さを保ち、両肩のラインは地面と平行を保つ

14 ヒジのレール

後ろ手のヒジの入れ方を身につける

スイングする時には、後ろ手のヒジをみぞおちの前あたりを通るように入れていきます。バットでつくったレールに後ろ手のヒジを沿わせることで、ヒジの入れ方を身につけます。

①パートナーにバットがみぞおちの前で水平になるように持ってもらう②後ろ手のヒジをバットの上に沿わせていく。
10回×2セット

💡Point

後ろ手の手のひらの小指側を内側に捻る（「前にならえ」をした手のひらを上に向ける動き）ことで、後ろ手のヒジを体に近づける。ヒジをわき腹につけるのではない。ヒジをみぞおちの前あたりへ入れていく

15 レベルスイングの練習

目的
効果

レベルスイングの軌道を身につける

スイング軌道の理想は、地面と平行にバットを振る「レベルスイング」です。どの高さ・コースにも対応しやすく、ミート率が高くなるなどのメリットがあります。エンドランやゴロ打ちなど、さまざまな作戦に対応しやすいスイングです。

長い棒や机の角などをレールにして、その上にバットを沿わせながらゆっくりスイングすることで、レベルスイングの軌道を身につけることができます。

①バットを構える②グリップを先行させ、バットの芯のあたりをレールに当てる③グリップを少し下げ、グリップよりもヘッドが上になるようにして、ゆっくりとレールの上を滑らせていく。10回×2セット

💡**Point**

後ろ手のヒジの使い方を意識して、バットが体から離れないようにグリップを先行させる。先行したグリップを支点にして、バットのヘッドが体から離れていく

16 軸足ヒザチューブスイング

目的効果 軸足の使い方と、上半身との連動を身につける

構えから前足を上げた時、軸足のヒザはつま先の真上にあるようにして、軸足の内側を意識して力をためます。前足を踏み出して体重移動する時にも、軸足の内側に力が入っています。そこから「かかとスイッチ」で軸足の股関節を内側に捻り、骨盤を回転させていきます。この「軸足ヒザチューブスイング」では、こうした軸足の使い方に重点を置きながら、バットを振ります。これまでの前足、前手、後ろ手などのトレーニングを思い出し、すべてを連動させましょう。

①軸足のヒザの上にロングチューブを掛け、構える②前足の股関節を内に捻って足を上げ、前足を踏み出していく③「かかとスイッチ」で軸足の股関節を内側に捻り、骨盤を回転させる④両肩のラインは骨盤と同時に回転させるのではなく、一瞬ガマンする（投手側の肩を早く開かない）⑤後ろ手のヒジがみぞおちの前あたりを通るように入れてスイングする。10回×2セット

💡Point

前足を上げた時、軸足のヒザはつま先の真上にあるようにして、軸足の内側を意識して力をためる。この軸足でのパワーポジションができていなければ、チューブに引っ張られてしまう

45

17 チューブサイドステップスイング

目的効果 スイングでの軸足の使い方と、上半身との連動を身につける

⑯の「軸足ヒザチューブスイング」では、軸足の使い方に重点を置きながら、下半身と上半身を連動させてスイングしました。

この「チューブサイドステップスイング」では、チューブの負荷に2歩のサイドステップを加えることで、さらに軸足の内側の力（内転筋の力）を意識した体重移動とスイングを身につけることができます。

①腰にロングチューブを巻き、構える②前足を一歩踏み出し、着地したら軸足を引き寄せる。このサイドステップを2回する③前足を踏み出し、「かかとスイッチ」でスイングする

PART
1
基礎体力を身につける

PART
2
打撃の技術を身につける

PART
3
守備の技術を身につける

PART
4
走塁力を身につける

PART
5
投球動作の基本を身につける

18 ペットボトルシェイク

目的
効果 **体幹を使い、力を発揮する**

ペットボトルを使った負荷の軽いトレーニングで、体幹（おもに腹筋）を鍛えます。腹筋は体を回旋させる動きで大きな役割を担っています。

500㎖のペットボトルを用意して、水を7割程度入れてください。ペットボトルの中で動く水が負荷になります。

【①ペットボトルシェイク大】

1
2
3

①パワーポジションをつくり、みぞおちの前あたりでペットボトルを持つ②左右に大きく、素早く振る。大きく捻るのではない。両肩のラインを回転させず、真横へ動かす。30回

Point

体の中心軸を意識して、左右に振られないようにする

【②ペットボトルシェイク小】

①パワーポジションをつくり、みぞおちの前あたりでペットボトルを持つ②体の幅の中で、左右に小刻みに素早く振る。30回

💡**Point**

体の中心軸を意識して、左右に振られないようにする

【③ペットボトルインパクトシェイク】

①トップの位置でペットボトルを持つ②ミートポイントで力を入れる意識で、直線的に動かす③インパクトで一瞬止めて、ペットボトルの中の水が動くのを感じる④フォロースルー。内角、真ん中、外角の各コース10回ずつ

19 メディシンボール **軸足キャッチ＆スロー**

目的
効果
軸足を強化する。上半身との連動を身につける

スイング動作で重要な軸足の力が強ければ、それだけ速く、安定したスイングができます。メディシンボールを使い、軸足の股関節まわりや

足の内側の筋肉を強化しながら、軸足の力で体をコントロールできるようにしましょう。

①小刻みに足踏みする②パートナーに、軸足のヒザの前にボールを投げてもらう③軸足が着地したタイミングでキャッチする④軸足で踏ん張ったまま、投げ返す。10回×2セット

💡Point

キャッチした後、軸足の内側と股関節、体幹に力を入れて、バランスを保つ。ボールは腕の力だけではなく、軸足の股関節を内側に捻って骨盤を回転させることで投げ返す

20 メディシンボール ミートポイントキャッチ

目的 効果　ミートポイントで爆発的な力を発揮する

バットはトップの位置から「バットの入り口」を通って出ていき、インパクトの瞬間にヘッドスピードが最も速くなります。この「ミートポイントキャッチ」でボールにタイミングを合わせながら下半身と上半身の動きを連動させ、インパクトで爆発的な力が発揮できるようにしていきましょう。

①構えて、パートナーにボールを投げてもらう ②タイミングを合わせ、両手をミートポイントまで直線的に動かしてキャッチする ③しっかり受け止めてから、投げ返す。10回×2セット

💡Point

一瞬で力を発揮してボールをキャッチする。そこからさらに下半身で押し込むイメージで、投げ返す。フォロースルーは大きく。

21

メディシンボール ミートポイント押し合い

目的
効果 **ミートポイントで爆発的な力を発揮する**

ミートポイントでバットが球に当たる瞬間、どんな形になっていれば最も打球に力が伝わるのか。メディシンボールを二人で押し合うことで、力が伝わる手首の角度、ヒジの伸ばし具合などを自分で探りましょう。

①メディシンボールを地面に置く
②ふたりで向かい合い、バットで全力で押し合う。1分間

💡Point

ミートポイントは体の正面（みぞおちの前）。あごを引く。
両腕は完全には伸び切っておらず、手首はまだ返っていない。

22 ストレッチポールスイング

目的効果 ミートポイントで爆発的な力を発揮する

ミートポイントでしっかり力を伝えられるように、ストレッチポールを使ってスイングします。インパクトの瞬間でしっかり止められるよう に力を入れます。ストレッチポールが用意できなければ、バットを使ってもかまいません。

①ストレッチポールを持ち、構える②トップからしっかり振って、インパクトでしっかり止める。先端がインパクトから先へ出ていかないようにすること。高め、真ん中、低めを15回ずつ。

💡Point

インパクトの瞬間、骨盤が回転している角度に比べて、両肩のラインが回転している角度が小さい（投手側の肩が開いていない）と、インパクトの位置で止められる。骨盤と両肩のラインが同時に回転している（投手側の肩の開きが早い）と止められない

23 スタンドティー打撃

目的効果 高さやコース別のスイングを身につける

ストライクゾーンの高め・低め、内角・外角によって、打ち方が異なります。スタンドティーを使って打撃練習をする時も、高さやコースを変えながら、それぞれの打ち方で打ちましょう。高さ別の打ち方（P34参照）、コース別の打ち方（P35参照）を整理して、1球1球をしっかり打ってください。

Point
ストライクゾーンを9つに分け、それぞれのミートポイントで「空間」と「時間」を意識しながら打つ

①高さ（高め、真ん中、低め）とコース（内角、真ん中、外角）別に9カ所をそれぞれ3球ずつ打つ。スタンドティーの高さと位置（内角は体に近く、投手寄り。外角は体から遠く、捕手寄り）を調整する。3球とも同じ打ち方を再現できるようにする。

24 インハイ打ち

目的効果 内角高めの打ち方を身につける

P28で説明したように、打つのが一番難しいのは内角高めです。

ティー打撃で内角高めを打つ時は、パートナーに投手寄りの肩よりもやや上を狙って投げてもらいます（写真参照）。バットを寝かせて、後ろ手のヒジの角度を90度から鋭角にたたみながら、バットを出していきます。インパクトでは、ボールの下にバットの芯を入れるようにして、打球が上に飛ぶように打ちましょう。

バットで示しているあたりを狙って投げる

Point

グリップが出ていく時は、グリップよりもヘッドが上になるようにする

①構えからバットを寝かせて、後ろ手のヒジの角度を90度から鋭角にたたみ、グリップを先行させる②投げた球よりも、打球が上に飛ぶように打つ。5球×2〜3セット

トレーニングで基本を身につける意味とは？

　基本のフォームや正しい体の使い方を身につけ、思い通りに動かせる体をつくることは、高いパフォーマンスだけでなく、ケガの予防にもつながります。中学生の間に動きの妨げやケガの原因になる悪いクセは除いておきましょう。

　野球の動きは、再現性が大切です。いかに思ったとおりに体を動かせるか。そして、それがいつも同じように動かせるか。そのための基本をトレーニングで身につけるのが本書の狙いです。

　中学生の時期は成長期なので、身長が1週間で1cm伸びることもあります。体が変わっていくなかで同じ動きを続けるのは難しい。同じ動きをしているつもりでも、「何か違うな」という違和感を覚えることがあるでしょう。そんな時には自分で意識して修正できることが大事ですが、実際の野球の動きよりも、トレーニングの動きの方が修正しやすいと思います。

　トレーニングでは常に「どんな動きが正しいのか」「今、自分の体がどう動いているのか」「正しい動きができないのはどこが弱いからなのか」などを意識しましょう。そうやってコツコツ練習していけば基本が身につき、動きの再現性も高められます。

#第3章

守備の技術を身につける

中学生の軟式野球の大会は、ほとんどがトーナメント制で開催されます。しっかり守れなければ、勝ち進むことができません。

守備にも基本があり、基本の上に応用があります。捕球の姿勢、捕球から送球への動き、フットワークなどの基本を身につけましょう。

チームの守備力は「個」の守備力の結晶でもあります。チームメートといっしょにシートノックを受けたり、連係プレーの練習をしたりするのはもちろん大事ですが、自主練習として狭いスペースでできることもたくさんあります。これから紹介するメニューで基本の動きができるようになってください。

① ゴロ捕球の体勢

目的効果 ## 捕球体勢の基本を覚える

守備では、前後左右のどこに打球が飛んできても素早く動き出せるように備えなければなりません。そのために、やはりパワーポジション（P8参照）をつくって構えます。

構えてからバウンドに合わせて動き、捕球する時にもパワーポジションの応用で捕球の体勢をつくってグラブを出します。P26の「メディシ

ンボール後方投げ」でボールを後方に投げる前に低い姿勢を作りました。その姿勢を思い出してください。もし自分の背中に人が上に乗っても、前や後ろに倒れない形です。

捕球するのは、体の正面。開いた足の真ん中の延長線上に両腕を伸ばし、ヒジが軽く曲がっている状態で捕るのが基本です。

【捕球の体勢】

両足は肩幅よりも広く開く。つま先は外側を向け、足の中指とヒザの中心が同じ方向を向くようにする。両足の母指球と足の内側に力を入れる

【ゴロ捕球の体勢の覚え方】

前から

前から

step1

まず両足を広げて立つ（つま先は外側。足の中指とヒザの中心が同じ方向）

step2

次に股関節を曲げ、太ももの裏側を伸ばして前屈する

step3

その姿勢から、ヒザを曲げる。捕球時にこの体勢になっていれば、送球への動き出しがしやすい

2 グラブの出し方

目的
効果
ヒジと手首をリラックスさせたグラブの出し方を覚える

　ゴロを捕る時は、どんなバウンドにも対応できるように、ヒジや手首をリラックスさせておきます。打球を追っている時、手のひらは「気をつけ」の姿勢と同じように体の内側を向いています。上半身はただ立っているのと同じ状態、つまり自然体です。打球に入っていく時（次ページ参照）にグラブを下ろしますが、ヒジや手首はリラックスさせたまま。捕球する時に手のひらの小指側を内側に捻る（「前にならえ」をした手のひらを上に向ける動き）ことで、自然にグラブの捕球面を打球に向けます。

【捕球の体勢】

①手を自然に下した状態。手のひらは「気をつけ」と同じ向き②そこから両手を下ろす③最後に手のひらの小指側を内側に捻り、打球に捕球面を向ける

◉Point

ヒジや手首をリラックスさせてグラブを出すと、捕球する場所はグラブ側の手の中指と薬指の間の付け根あたりになる。ここで捕れば、送球のための握り替えがスムーズにできる。人差し指のあたり（ポケット）で捕ると、握り替えに時間がかかってしまう

3

打球への入り方

目的
効果
打球への入り方、タイミングの合わせ方を覚える

ゴロは球が地面に着く直前か、地面から上がった直後（ショートバウンド）で捕ります。右投げの場合、打球に対して右側からふくらみながら近づきます。球をやや横から見て

バウンドを見極め、捕球の直前に右足が着地しているようにタイミングを合わせます。つまり、「そこから左足を出せば、体の正面で捕れる」という場所へ右足をもっていきます。

⚡ Point

右足が着いた時、グラブはヒザよりも低い位置に。右足のつま先はやや外向き。真っすぐに向けるとヒザが折れやすくなり、重心が高くなって頭が前に突っ込みすぎてしまう

①右足の着地にバウンドを合わせる　　②左足を出して、捕球体勢をつくる

【右足で合わせられない場合】

⚡ Point

右足の着地で合わせるのが基本だが、タイミングが合わない場合は左足で合わせる。それでも合わなければ、手の動き（ハンドリング）で合わせる

左足の着地で合わせる　　　　手の動きで合わせる

4 捕球から送球への動き

目的・効果 送球時の手の動きと足運びを覚える

　捕球したら、素早く球を握り、送球します。まずは手の動きから説明します。グラブ側の手の中指と薬指の間の付け根あたりで球を捕り、投げる側の手をおにぎりを握るような形で球に添えます。球を握ったら、両手を胸に引き寄せ、投げる側の手

のひらの小指側を外側に捻りながら（「前にならえ」をした手のひらを下に向ける動き）、グラブから出していきます。投げる手のヒジが自然に上がるので、送球動作がしやすくなります。

【送球時の手の動き】

💡Point
投げる側の手のひらの小指側を外側に捻りながら、グラブから出していく

💡Point
おにぎりを握るような〝形〟で手を添えて、球を握る

【注】おにぎりを握るような〝強さ〟ではない

次に、足運びを説明します。右投げの場合、ゴロを捕った後に頭が左ヒザよりも前に出ているように前傾します。すると、頭の重みで自然に前に倒れそうになりますね？　その勢いを利用しながら、倒れないように素早く軸足を送り出します。頭で

鐘をつくようなイメージです。同時に、両手を胸に引き寄せます。

この時、軸足の内側のくるぶしを、送球する方向に対して垂直に向けます。この軸足の向きが正確な送球につながります。

【送球時の足運び】

💡Point
軸足の内側のくるぶしを送球方向に対して垂直に向ける

頭を左ヒザよりも前に出して、前傾する。倒れないように素早く軸足を踏み出す

5 守備のフットワーク練習

目的 効果 バウンドを見極めてタイミングを合わせるフットワークを身につける

ゴロを捕る直前に右足が地面に着地しているようにタイミングを合わせるには、ステップを小刻みにしたり、歩幅を調整したりするフットワークが必要になります。これから紹介するのは、段階的に複雑な動きを加えていき、フットワークを身につける練習です。

それぞれ20m進みます。20m先の地面にボールを置き、ボールの下半分（右へ動く時は、右下。左へ動く時は左下）を見ながらおこないます。「イチ、ニ……」の掛け声に合わせて、リズムよく足を動かしましょう。

【①かかと進み】

Point
左右の手はヒザより下へ。手のひらの向きは「気をつけ」と同じ。ヒジと手首の力を抜く

①パワーポジションで構える②「イチ」で右斜め前に右足から半歩踏み出す。かかとから着地したら左足を引き寄せ、サイドステップ③「ニ」で右足を踏み出し、かかとから着地する④今度は「イチ」で左足を斜め前に踏み出し、同様に繰り返して20m進む

【②かかと進み＋リフト】
「かかと進み」に、バウンドを合わせるための
「リフト」のフットワークを加える

①「イチ、ニ」で右斜め前に「かかと進み」で進む②サイドステップしたら、「サン」で左足を正面に出す（写真5）③「シ」で右足を持ち上げ、左足の前から左へ大きく踏み出す④「ゴ」で左足を左へ運び、かかとで着地する⑤「ロク」で捕球体勢をつくる。①から繰り返して、20m進む

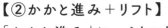

【③かかと進み＋リフト＋送り出し】
「かかと進み＋リフト」に送球時の軸足のフットワークを加える

Point

頭の重みで自然に前に倒れそうになる勢いを利用しながら、素早く軸足を送り出す。同時に、両手を胸に引き寄せ、投げる側の手のひらの小指側を外側に捻ってグラブから出す

①「かかと進み＋リフト」の⑤（「ロク」で捕球体勢をつくる）までは同じ②（写真4）「シチ」で軸足を送り出す。繰り返して20m進む

【④かかと進み＋合わせ＋リフト】

「かかと進み」「リフト」の間に、小刻みに足を動かす
「合わせ」のフットワークを加える

①「イチ」「ニ」で右斜め前へ「かかと進み」②「サ〜ン」で小刻みに足踏みする（写真4、5）③「シ」で
右足をリフト④「ゴ」で左足を踏み出し、かかと着地⑤「ロク」で捕球体勢をつくる。繰り返して20m進む

【⑤かかと進み＋合わせ＋リフト＋送球体勢】
「かかと進み＋合わせ＋リフト」に送球までのフットワークを加える

小刻みに足踏みする
時に体が伸び上がら
ないようにして、目
線をキープする

①「イチ」「ニ」で「かかと進み」②「サ～ン」で小刻みに足踏みする③「シ」で右足をリフト④「ゴ」で左足を踏み出し、かかと着地⑤「ロク」で捕球体勢をつくる⑥「シチ、ハチ」で軸足を送り出し、左足を送球する方向に踏み出しながら送球体勢をつくる

PART
1
基礎体力を身につける

PART
2
打撃の技術を身につける

PART
3
守備の技術を身につける

PART
4
走塁力を身につける

PART
5
投球動作の基本を身につける

7

8

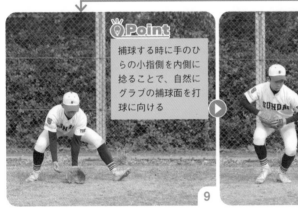

Point
捕球する時に手のひらの小指側を内側に捻ることで、自然にグラブの捕球面を打球に向ける

9

Point
頭の重みで自然に前に倒れそうになる勢いを利用しながら、素早く軸足を送り出す。両手を胸に引き寄せ、投げる側の手のひらの小指側を外側に捻りながらグラブから出していく

10

Point
軸足の内側のくるぶしを送球する方向に対して垂直に向ける

11

Point
投げる側の手のひらの小指側を外側に捻りながらグラブから出すことで、自然にヒジが上がる。送球する方向に突っ込まないように、頭を両足の真ん中に

12

【⑥ライン】
前へ出るフットワーク＋グラブ出し

Point
投げる側の手のひらの小指側を外側に捻りながらグラブから出す動き

Point
右足の着地にタイミングを合わせてグラブを出す

Point
手のひらの小指側を内側に捻ることで、自然にグラブの捕球面を打球に向ける

①「イチ」で右足を大きく前に踏み出し、かかと着地②「二」でグラブを出しながら、左足のかかとから着地③「サン」でグラブの捕球面を打球に向ける。素早く繰り返して20m進む

6 ゴロ捕球の基本練習

目的効果 ゴロ捕球の体勢と両手の動きを身につける

ゴロを捕る時の体勢や送球までの両手の動きは、守備の基本中の基本です。もう一度、P58からP63までを確認してください。2人1組の基本練習で、意識しなくてもその動きができるようにしましょう。

【①ゴロ捕球】

💡**Point**
手のひらは「気をつけ」と同じ向き。ヒジと手首をリラックスさせる

💡**Point**
手のひらの小指側を内側に捻る

💡**Point**
おにぎりを握るような形で球を握り、手のひらの小指側を外側に捻る

①パワーポジションを確認して捕球体勢をつくる②相手にゴロを転がしてもらう③捕球したら、転がして返す。2分間×2セット。疲れてきても体が起き上がらないようにキープする

【②ゴロ捕球　足開閉】

①両足を閉じて待つ

💡Point

両足を閉じている
時もパワーポジシ
ョンを意識する

②ボールを転がしてもらう

③両足を開いて捕球体勢を
つくる

④捕ったら転がして返して、
両足を閉じる。30回×2
セット

🤚 アドバイス！

うまい選手ほど基本をおろそかにしない

　ゴロ捕球の基本練習は地味で、面白みに欠けるかもしれません。しかし、プロ野球選手も一流であればあるほど、基本練習を欠かさずにやっています。簡単そうに見える練習でも１球１球集中して取り組みましょう。基本をおろそかにしていては、上達しません。

【③ゴロ捕球　グラブ出し】

①約3m離れて、ゴロを
転がしてもらう

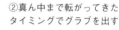

手のひらは「気をつけ」
と同じ向き。ヒジと手
首をリラックスさせる

②真ん中まで転がってきた
タイミングでグラブを出す

手のひらの小指側を
内側に捻ってグラブ
の捕球面を向ける

③捕球する。30回

捕球したらおにぎりを
握るような形で球を握
り、手のひらの小指側
を外側に捻りながらグ
ラブから出す

PART
1
基礎体力を身につける

PART
2
打撃の技術を身につける

PART
3
守備の技術を身につける

PART
4
走塁力を身につける

PART
5
投球動作の基本を身につける

7 ハンドリング

目的・効果 球の握り替えを身につける

走者は0.1秒で約70cm進みます。せっかく捕球できても、球をうまく握れないと、そのたった一瞬でセーフにしてしまったり、焦って悪送球になったりします。この「ハンドリング」の練習で、どうすれば握り替えやすいか、位置や力加減なども含めてしっかり身につけてください。慣れるまではテニスボールを使うとよいでしょう。

Point おにぎりを握るような形で、手首を柔らかく使って、やさしく握り替える

①パワーポジションをつくり、両手にボールを持つ②投げる側の手のボールを地面に投げ、ワンバウンドさせる③跳ね返ってくるまで間にグラブ側の手のボールを、投げる手で握り替える④跳ね返ってきたボールをグラブ側の手で捕る

8 ボール落とし

目的 効果 ## 下半身を使った球の捕り方を身につける

打球を手の動きだけで捕ろうとしても、うまく捕れません。下半身を柔らかく使うのがポイントです。「ボール落とし」では、球が地面に落ちるまでの瞬発的な動きで、下半身を使った球の捕り方を身につけます。

Point
ボールを追いかける時も、捕った後も下半身を使う。手だけで捕りにいくと、落としてしまう

①パートナーにボールを持ってもらい、合図せずにボールを放してもらう②スクワットのように股関節とヒザを曲げて、地面に落ちる前にボールを捕る。30回

9 ショートバウンドの捕球

目的 効果 ショートバウンドの捕り方を身につける

　ゴロを捕る時に「グラブを立てろ」と言われたことがある人が多いと思いますが、グラブと地面の角度は、ゴロをバウンドのどこで捕るかによって異なります。球が地面に着く直前に捕る場合は、P58のようにグラブを寝かせます。地面から上がった直後にショートバウンドで捕る場合は、グラブを立たせなければなりません。つまり、どんな打球の軌道に対しても、グラブがカベの役割を果たすようにするということです。

　グラブを立たせるといっても、手首は真っすぐ伸ばしたまま。手首を

手の甲の側に曲げてグラブを立たせるのではありません。それだとヒジや手首を柔らかく使うことができません。ショートバウンドをグラブですくい上げるように捕る時は、手首を手の甲の側に曲げた状態から、真っすぐ伸ばして捕ります。真っすぐ伸ばした状態から手のひらの側に曲げると、球をはじきやすくなります。

　ショートバウンドの場合、捕球する場所は、グラブ側の手の人差し指と中指の付け根あたりになります。まずは素手でショートバウンドを捕る練習をして、感覚をつかみましょう。

【①両手で捕る練習】

①パートナーにショートバウンドを投げてもらい、両手で捕る②捕球後に投げる側の手で球を握り、手のひらの小指側を外側に捻る。30回

【②片手で捕る練習 】

グラブ側の手に素手で薬指と小指を使ってボールを握っておき、それ以外の3本の指を使ってボールを捕る

💡Point

グラブの人差し指と
中指の付け根あたり
でショートバウンド
の捕る感覚をつかむ

①パートナーにショートバウンドを投げてもらう

②グラブ側の手にボールを握ったまま、ショートバウンドを捕る

💡Point

手首を手の甲の側に
曲げた状態から、真
っすぐ伸ばして捕る

③捕球後に投げる側の手で球を握り、手のひらの小指側を外側に捻る。30回

PART
1
基礎体力を身につける

PART
2
打撃の技術を身につける

PART
3
守備の技術を身につける

PART
4
走塁力を身につける

PART
5
投球動作の基本を身につける

【③逆シングルで捕る練習】

① 投げる手にボールを持ち、逆シングルの形で構える②ボールを地面に落とす③跳ね返った瞬間にショートバウンドで捕る④投げる手に握り替えて、繰り返す。連続50回

10 チューブ歩行

目的効果 股関節まわりや足の内側の筋肉を強化する

捕球する時のパワーポジションやフットワークでは、股関節のまわりの筋肉（腸腰筋、大殿筋など）や、足の内側の筋肉（内転筋）の力を使います。チューブの負荷をかけて歩くトレーニングで、それらの部位を強化します。チューブをヒザから上（太もものあたり）にかけると股関節のまわりの筋肉を、ヒザから下（ふくらはぎのあたり）にかけると足の内側の筋肉を強化できます。

【①一足分前後 】

💡 **Point**
パワーポジションをつくる

💡 **Point**
かかとに体重がかからないようにする

1　2　3　4

①パワーポジションの姿勢を保ったまま、左足を一足分、前へ②右足をそろえる③左足を一足分、後ろへ④右足をそろえる⑤次に右足を一足分前からスタートして、同様に繰り返す。20回ずつ×2セット

【②前歩き＆後ろ歩き】

Point
パワーポジションをキープする

Point
パワーポジションをキープする

Point
パワーポジションをキープする

①パワーポジションをつくり、一歩ずつ前へ歩いて30m進む②パワーポジションをつくり、一歩ずつ後ろ向きに歩いて30m戻る。2往復

【③左右歩き】

Point

踏み出す足のつま先が外側に向かないようにする。両肩のラインを進行方向へ真っすぐ向けたまま

①パワーポジションをつくり、左へ一歩ずつ横歩きして30m進む②パワーポジションをつくり、右へ一歩ずつ横歩きして30m戻る。2往復

アドバイス！

パワーポジションをキープする

　チューブ歩行では、前後左右に歩く時に常にパワーポジションをキープします。疲れても体が起き上がらないようにガマンして、体重移動を軸足の力でコントロールする意識を持ちます。踏み出す足の力で進もうとすると、パワーポジションが崩れます。軸足と体幹に力を入れ、前や横に歩く時に頭が進行方向に突っ込んだり、後ろに歩く時にかかと体重になったりしないようにしましょう。

PART **1** 基礎体力を身につける

PART **2** 打撃の技術を身につける

PART **3** 守備の技術を身につける

PART **4** 走塁力を身につける

PART **5** 投球動作の基本を身につける

11 バットサイドステップ

目的
効果 **体重移動で使う筋肉を強化しながら、動きを自然に覚える**

　打撃でも守備（投球や送球）でも、いったん軸足に乗せた体重を親指の付け根のふくらみ（母指球）で支え、軸足の内側、股関節まわり、体幹の力で踏み出す足に移動していきます。

　それを理論的に知っているだけではなく、実際に動けるかどうか、その動きができる体がつくれているかどうかが重要です。この「バットサイドステップ」は、軸足の内側から股関節まわり、体幹の筋肉を強化しながら、体重移動の動きを自然に覚えるための練習です。この動きは打撃にも送球や投球にも繋がります。しっかり取り組みましょう。

Point
踏み出した足の母指球、足の内側、股関節まわり、体幹の力で体重を受け止める

Point
軸足の母指球、足の内側、股関節まわり、体幹の力で体を進行方向へ送る

①パワーポジションをつくり、バットを正面で立てる②バットを左に倒しながら、バットのサイズ分をしっかりサイドステップする③バットを正面に戻しながら、サイドステップする④同様に右へ倒してから、また正面に戻す。これを5回繰り返す。2セット

#第4章

走塁力を身につける

塁間は27.43mです。リードとスライディングの距離を差し引くと、直線で走るのはせいぜい約20mしかありません。さらにベースを蹴って回る時や、急に止まったり逆方向に切り返したりする時など、陸上競技の短距離選手とは異なる走り方や体の使い方が求められます。

また、走塁力は足の速さや体の使い方のうまさといった走力だけでは決まりません。リードやスタートの工夫、相手の観察など、プラスできることがたくさんあります。

これから紹介するメニューでまずは基本を知り、できるようになって、走塁力の高い選手を目指してください。

① 人間ドリブル

目的効果 地面からの力を利用することを覚える

　速く走るには、地面からの力をうまく利用しなければなりません。足が着地した時に地面から得られる反発力（地面反力）を大きくすること。その力を体で受け止めて、前に進む力に変えること。この２点がポイントです。

　この「人間ドリブル」で、地面からの反発力とはどういうものかを感じましょう。まずは、ひとりでその場でジャンプします。次に、パートナーにボールをドリブルするように両肩を押してもらいながら、ジャンプします。すると、両肩を押してもらった時の方が、より高く飛べるのが実感できると思います。つまり、地面を蹴る力が大きくなればなるほど、地面から大きな反発力が得られるということです。

STEP1　その場でジャンプする

1

2

Point
くるぶし、ヒザ、股関節、肩、耳が一直線になるように

3

ヒザを軽く曲げ、真上へのジャンプを繰り返す

STEP2　パートナーに両肩を押してもらってジャンプする

ジャンプしたら、パートナーにボールをドリブルするように、両肩を押してもらう。押されて加わった力を利用して高く跳ぶ

1

💡Point
体幹と股関節まわりの力を意識して、バネのように跳ぶ

2

💡Point
ひとりでジャンプした時よりも高く跳んでいることを実感する

3

　ジャンプする時は、体幹と股関節まわりの力を意識します。「脚はみぞおちからはえている」というイメージを持ってください。

　着地時間を短くして、地面からの反動を次のジャンプに生かしてリズミカルに跳びます。着地した時にヒザは軽く曲がりますが、地面を蹴るのではなく、体幹と股関節まわりをバネのようにしてジャンプを繰り返してください。

2

両足跳び

目的 効果	**地面からの力を前へ進む力に利用することを覚える**

「人間ドリブル」で、足が着地した時に地面から得られる反発力（地面反力）を体幹と股関節の力で受け止める感覚はつかめたと思います。次は、「両足跳び」で地面から得られる力を、前に進む力に変えていきます。

意識する点は「人間ドリブル」と同じです。着地時間を短くして、地面からの反動を体幹と股関節まわりで受け止め、その力で前へリズミカルに跳びます。

1　2　3　4

両足で前へジャンプ。着地したらその反動で前へ。30m進む

💡**Point**

股関節まわりと体幹をバネのようにして前へ

3 45度 脚入れ替え

目的・効果 走る時の前傾姿勢と足運びを身につける

「両足跳び」で地面からの反動でジャンプする力を、前方への推進力に変えました。その力を利用して走るには、前の足が着地すると同時に後ろの足を前に運ぶ動きがポイントになります。「45度脚入れ替え」で走る時の前傾姿勢と足の運び方を身につけましょう。

　脚の回転を速くしようとすると、ヒザを速く上げようとしがちです。そうではなく、足を地面に速くつける意識を持ちます。そうすると地面からの強い力を得られるので、ヒザは自然に速く上がります。

　この「45度脚入れ替え」をやった後に、平坦な場所だけではなく坂道（上り坂、下り坂）でダッシュをすると、走力アップに効果的です。

Point 体を一直線にする **1**

Point 足を速くつける **2**

3

4

①カベやフェンスを利用して、45度の前傾姿勢をつくる（【注】実際に走る時には45度よりも浅くなる）②左右の足を素早く交互に上げる。30回

4

ボールつぶしサイドジャンプダッシュ

**目的
効果**　体幹に力を入れた走り方を身につける

　走る時は、「脚はみぞおちからはえている」というイメージを持って、体幹と股関節まわりの力を使うことが重要です。

　この「ボールつぶしサイドジャンプダッシュ」は、体幹（特に腹筋）に力を入れて走る練習です。体幹に入れた力をキープしたまま、横へジャンプします。着地した瞬間に地面からの反動を体幹と股関節まわりの力で受け止め、前へ進む力に変えてダッシュします。

体幹に力を入れる

1

2

3

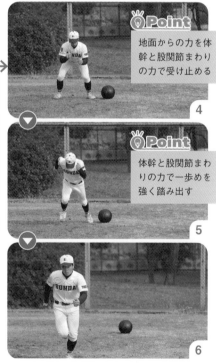

地面からの力を体幹と股関節まわりの力で受け止める

4

体幹と股関節まわりの力で一歩めを強く踏み出す

5

6

①パワーポジションをつくり、胸の前でボールをつぶすイメージで体幹に力を入れる②体幹に力を入れたまま、右（左）に置いたボールを飛び越える③着地した瞬間に前へスタート。30mダッシュする。左右2〜3本ずつ

MENU 走塁力を身につける

5 メディシンボールを保持したダッシュ

目的効果 走りに必要な体幹の力を強化する

ここまでの説明で、走りにおける体幹の大切さは理解できたと思います。スピードを落とさずに塁間の直線を走り切るには、体幹を左右にブラす無駄な動きをなくすことがポイントです。メディシンボールを保持したダッシュで、体の軸を中心に保つことを意識して走りましょう。

【①メディシンボール アップダッシュ】

ヒジは真っすぐ伸ばしたまま

Point

①頭の上にメディシンボールを保持する②上半身はその姿勢をキープしたまま、30mダッシュする。3本

【②メディシンボール 抱えダッシュ】

ボールを胸の前でキープ

Point

①胸の前でメディシンボールを保持する②上半身はその姿勢をキープしたまま、30mダッシュする。3本

6 メディシンボールを投げてからのダッシュ

目的効果 瞬間的な力を発揮してダッシュする

打者は、打撃の動作で瞬間的な力を発揮してから、一塁へ向けて走り出します。これから紹介するメディシンボールを投げてからのダッシュは、一瞬で力を発揮した後に走る練習です。

メディシンボールを投げた時に、体幹や股関節まわりに力が入っています。その力を一歩めを踏み出す力に変え、スタートダッシュを速くしましょう。

【①チェストパス＆ダッシュ】

Point
体幹と股関節の力を使ってボールを投げる。腕の力だけで投げるのではない

①パワーポジションをつくり、ボールを胸の前で両手で持つ②バスケットボールのチェストパスで、4〜5m離れたパートナーに強く投げる③30mダッシュする。2〜5本

🖐アドバイス!

速く走るためにも体幹を鍛えよう

中学生を指導していると、体幹が強い選手は足が速いと感じます。実際に陸上競技では「メディシンボールを投げる距離の長さと50m走のタイムの速さには相関関係がある」という研究結果も出ています。

体幹が鍛えられていない選手は走力だけではなく、プレーに力強さが出な

い。球を投げてもスピードが出ないし、打っても打球が遠くへ飛びません。日々の練習で体幹を鍛えておくのが大事です。「キツイな」と思うかもしれませんが、「何のために」という意図がはっきりしていれば、自ら積極的に取り組めるのではないでしょうか。

Point
ボールをパスした動作で力を出しながら、一歩めを強く踏み出す

4

Point
ヒザを速く上げるのではなく、足を地面に速くつける

5

6

6 メディシンボールを投げてからのダッシュ

【②叩きつけダッシュ】

Point
股関節まわりや体幹に力が入っている状態で、一歩めを強く踏み出す

①パワーポジションをつくり、ボールを両手で持つ②股関節を伸ばしながら、伸び上がるようにしてボールを頭上へ持ち上げる③ボールを一気に地面（足もと）に叩きつける④30mダッシュする。2〜5本

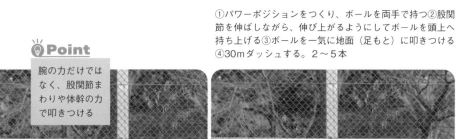

Point

腕の力だけではなく、股関節まわりや体幹の力で叩きつける

4

5

8

6 メディシンボールを投げてからのダッシュ

【③捻り投げダッシュ】

Point
パワーポジション

1

Point
軸足の股関節まわりがリラックスした状態で、捕手方向へ捻る

2

Point
前足へ体重を移動していく

3

Point
軸足の股関節を内側に捻って骨盤を回転させ、ボールを投げる。腕の力だけで投げるのではない

4

①パワーポジションをつくり、ボールを両手で持つ。パートナーに投手方向に約５m離れて立ってもらう②捕手方向に体を捻り、ボールを投手方向に投げる③一塁方向に30mダッシュする。左右２～５本ずつ

5

6

🐰**Point**
股関節まわりや体幹に力が入っている状態で、一歩めを強く踏み出す

7

8

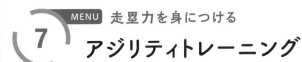

7

アジリティトレーニング

| 目的効果 | **野球に必要な動きの俊敏性を高める** |

野球では、直線的な走りだけではなく、急加速や急減速、90度や180度のターンなどさまざまな動きが求められます。これから紹介する「ア

ジリティトレーニング」の各メニューで、自分の体を速く、強く、思い通りに動かせるようにしていきましょう。

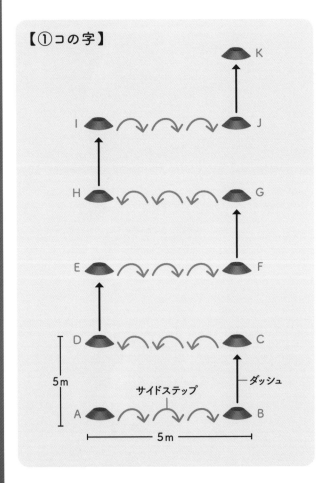

【①コの字】

準備

マーカーを5mおきに6個、2列に並べる

手順

①AからBまで右へサイドステップする②BからCまでダッシュ③CからDまで左へサイドステップする④DからEまでダッシュ。同様にKまで繰り返す。2〜5本

◆サイドステップから
ダッシュの動き

Point

素早くパワーポジションをつくり、横からの動きを股関節まわりや体幹の力で受け止める

1

2

Point

股関節まわりや体幹に力が入っている状態で、一歩めを強く踏み出す

3

◆ダッシュから
サイドステップの動き

Point

歩幅を縮めて減速する

1

Point

素早くパワーポジションをつくる

2

Point

軸足の力でサイドステップする

3

【②コの字サークル】

サイドステップ

ダッシュ

小刻み
ステップ

5m

5m

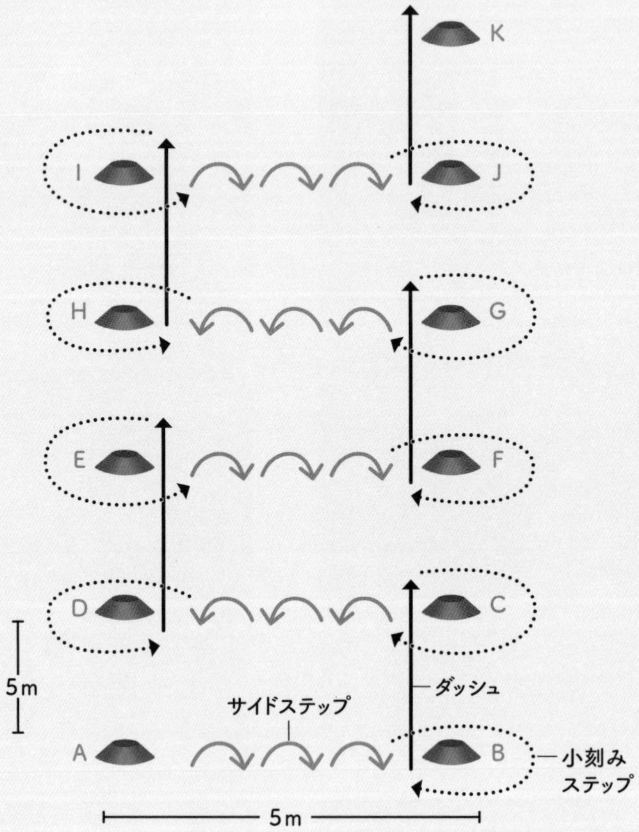

(((準備)))

マーカーを5mおきに
6個、2列に並べる

(((手順)))

①AからBまで右へサイドステップする②Bで小刻みにス
テップして、マーカーの前から後ろへ時計回りに回る③B
からCまでダッシュ④Cで小刻みなステップをして、マー
カーの前から後ろへ時計回りに回る⑤CからDまで左へサ
イドステップする⑥Dで小刻みにステップして、マーカー
の前から後ろへ反時計回りで回る⑦Eまでダッシュ。同様
にKまで繰り返す。2〜5本

◆マーカーでのステップ

1

2

Point
パワーポジションを意識する

3

4

5

Point
素早くパワーポジションをつくる

6

①低い姿勢で小刻みにステップして、マーカーを回る②パワーポジションをつくってから、次の動き（ダッシュもしくはサイドステップ）へ

【✖悪い例】

✖ 体が伸び上がっていると目線が変わるし、力も抜けているので、次の動きにつながりにくい

PART
1
基礎体力を身につける

PART
2
打撃の技術を身につける

PART
3
守備の技術を身につける

PART
4
走塁力を身につける

PART
5
投球動作の基本を身につける

【③Z走】

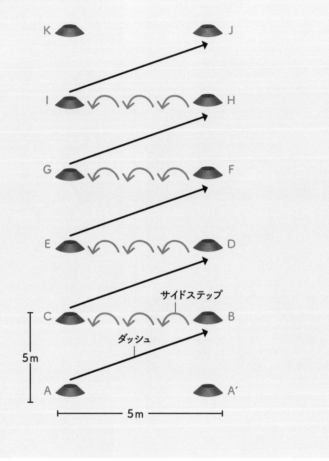

《 準備 》

マーカーを5mおきに6個、2列に並べる

《 手順 》

①AからBまでダッシュする②BからCまで左へサイドステップする③CからDまでダッシュする。同様にJまで繰り返す④次にA'からCまでダッシュする⑤CからBまで右へサイドステップする③BからEまでダッシュする。同様にKまで繰り返す

◆ダッシュから
　サイドステップへの切り替え

1

2

3

4

低い姿勢で小刻みにステップして減速。マーカーでしっかりパワーポジションをつくり、45度に切り返す

【✖悪い例】

1

2

3

4

✖ マーカーで外に大きくふくらんで、体が流れてしまっている

【④スラローム走】

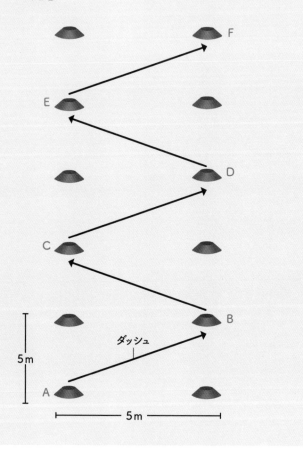

(((準備)))

マーカーを5mおきに6個、
2列に並べる

(((手順)))

①AからBまでダッシュする②Bで左に直角に切り
返して、Cまでダッシュする③Cで右に直角に切り
返して、Dまでダッシュする。同様にFまで繰り返す。
2〜5本

◆マーカーで直角に切り返す動き

1

Point
低い姿勢で小刻みに
ステップして減速する

2

3

Point
体幹に力を入れて次に動く方
向へ傾けて、内側の足の股関
節に体重を乗せて切り返す

4

5

Point
体幹と軸足の股関節まわりの
力で一歩めを強く踏み出す

6

7 アジリティトレーニング

【⑤N走】

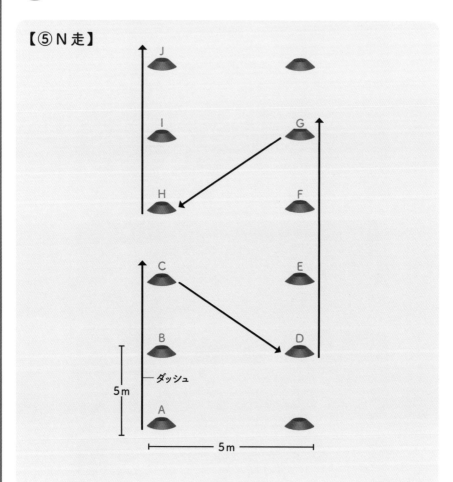

5m

ダッシュ

5m

(((準備)))

マーカーを5mおきに6個、
2列に並べる

(((手順)))

①AからCまでダッシュする②Cで右斜め後ろ（45度）に切り返して、Dまでダッシュする③Dで左斜め後ろ（45度）に切り返して、Gまでダッシュする④Gで左斜め後ろ（45度）に切り返して、Hまでダッシュする⑤Hで右斜め後ろ（45度）に切り返して、Jまでダッシュする。2〜5本

◆マーカーで斜め後ろ（45度）に切り返す動き

1

Point
低い姿勢で小刻みに
ステップして減速する

2

3

4

5

Point
体幹に力を入れて次に
動く方向へ傾けて、内
側の足の股関節に体重
を乗せて切り返す

6

Point
体幹と軸足の股
関節まわりの力
で一歩めを強く
踏み出す

7

8

マーカーではふくらまず、斜め後ろ（45度）に切り返す

【⑥I走】

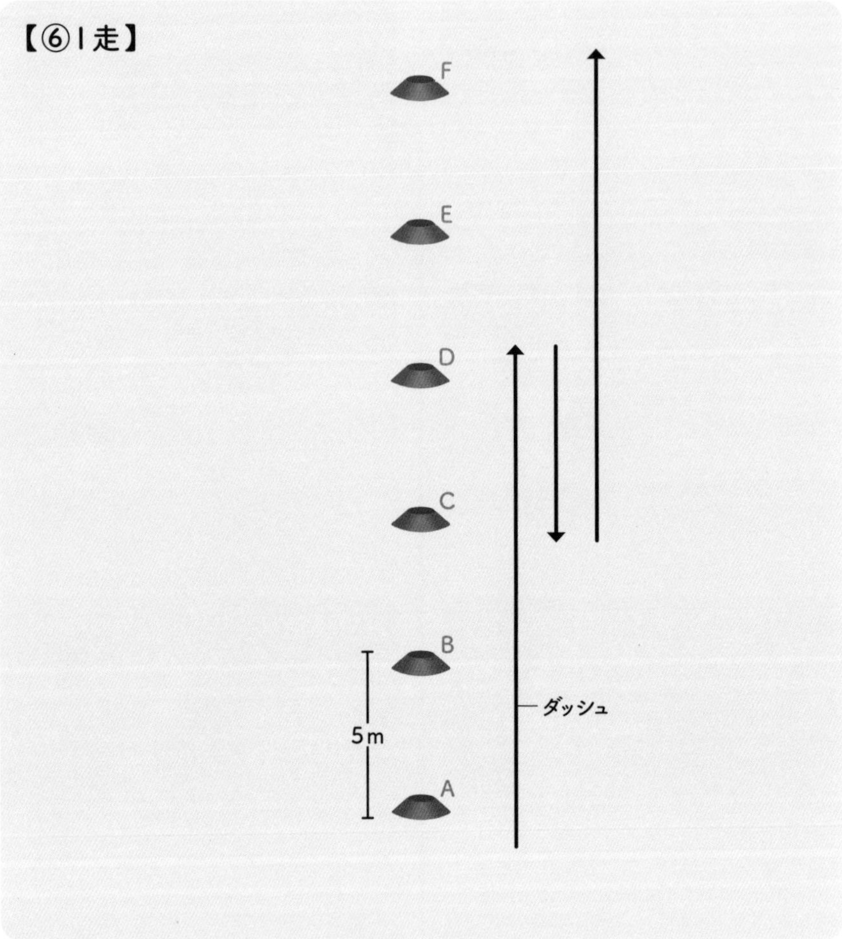

《 準備 》

マーカーを5mおきに6個、
1列に並べる

《 手順 》

①AからDまでダッシュする②Dで180度切り替え
して、Cまでダッシュする③Cで180度切り返して、
Fまでダッシュする。2～5本

◆マーカーで180度切り返す動き

1

🔻

💡Point

体幹に力を入れて
次に動く方向へ傾
けて、内側の足の
股関節に体重を乗
せて切り返す

2

🔻

3

4

🔻

💡Point

体幹と軸足の股関節
まわりの力で一歩め
を強く踏み出す

5

🔻

6

マーカーで180度切り返す

【✖悪い例】

1

▶

2

✖ マーカーで次に動く方向へ体が傾いておらず、外側の足に体重がかかっている。
こうなると、体が外側へ流れてしまい、次の動きで再加速ができなくなる

一塁走者の1次リード

目的 効果 4mの1次リードの距離感をつかみ、基本の姿勢を覚える

走塁力は走力だけで決まるわけではありません。走力にプラスできる要素の一つが、リードの工夫です。

一塁走者でまず大切なのが、1次リード（投手からのけん制でアウトにならずに帰塁できるリード）の距離を把握しておくこと。駿台学園中では、「一塁走者の1次リードは左足が4mの地点」という基準を設けています。リード幅には個人差もありますし、相手の技量や試合の状況などによっても変わります。4mという基準が「基本」として身についていれば、「応用」として微調整ができます。

練習では一塁ベースから3m、4m、4.2m、4.5mの地点と、5mから9mまでは1mおきの地点にマーカーを置き、それを基準にして1次リードからの進塁や帰塁を繰り返しています（柔道場で練習する日にはマットを敷き、その上で練習しています）。基本を繰り返すことで、試合では心の中にマーカーの位置が思い描けるくらいになるのが理想です。

【1次リードの姿勢】

1次リードの幅は、左足が一塁ベースから4mの地点（＋αあり）。左足のつま先は二塁までの最短距離のライン上（ベース後方の角を結んだライン上）

Point

右足のつま先は45度に開く。ヒザをつま先よりも内側に向け、上半身は投手に向ける

【1次リードの取り方】

> **Point**
>
> 左足を体の後ろでクロスさせる。体の前でクロスさせると、一塁ベースに背を向けることになるので、投手からの不意のけん制に対応できない

> **Point**
>
> 2歩めを体の後ろでクロスして真っすぐ二塁ベース方向へリードを取ると、左足のつま先は自然に二塁までの最短距離のライン上あたりにくる

①左足をベースに着けた状態からサイドステップで一歩出る②2歩めは左足を体の後ろでクロスさせて、左足が3mの地点まで出る（写真6）③投手がセットポジションに入る動きで、左足が4mの地点まで出る

> **Point**
>
> 常に投手の動きから目を放さない

109

9 帰塁

目的 効果 帰塁の基本の動きを身につけ、ケガを防ぐ

一塁走者が１次リードから帰塁する時は、３歩で力強く地面を蹴って頭から戻り、右手でベースの左側の角にタッチします。ここで終わりではありません。そこから素早く起き上がり、次の動きに備えるまでが帰塁です（次ページ参照）。

アウトにならないことも大事ですが、右肩の脱臼や右手の突き指といったケガにも注意しましょう。左手でブレーキをかけながら、右手をベーの左側の角に伸ばすことで、ベースに手をついた際の衝撃を逃がすことができます。また、その際に右手首を甲の側に曲げ、手のひらの手首側（掌底）でベースにタッチして、突き指を防ぎましょう。

【ベースにタッチする際の注意】

ベースの手前で左手でブレーキをかけながら、右手をベースの左側の角へ伸ばす。自然に足が捕手方向に向き、ベースに手をついた衝撃を逃がすことができる

手のひらの手首側でタッチ

【✖悪い例】

✖ ベースに対して真っすぐ手をつくと、衝撃を右肩で受けてしまう

✖ 指を伸ばすと、突き指のリスクが高い

【帰塁のしかた】

1

2

3

4

5

💡Point

ベースの手前で左手でブレーキをかけながら、右手をベースの左側の角へ伸ばす。右手首を甲の側に曲げ、手のひらの手首側（掌底）でタッチ

6

💡Point

自然に足が捕手方向に向く

7

💡Point

左足を着いて
素早く起き上がる

8

💡Point

右足を踏み出し、つま先を二塁方向へ向けて次の動きに備える

9

2 左足から踏み出す
3 1歩め（左足）
4 2歩め（右足）
5 3歩め（左足）を強く蹴りながら、ヘッドスライディング

PART
1
基礎体力を身につける

PART
2
打撃の技術を身につける

PART
3
守備の技術を身につける

PART
4
走塁力を身につける

PART
5
投球動作の基本を身につける

10 一塁走者の2次リード

目的 効果 「2歩のギャロップ」での2次リードの取り方を覚える

　1次リードから、投球動作の開始に合わせて2次リードを取ります。一塁走者の1次リードは左足が4mの地点でしたが、2次リードは「左足が7mの地点」が基準です。1次リード後の姿勢（P108参照）から2歩のギャロップ（両足を閉じながら右へジャンプして、左足から着地

する動き）でリード幅を広げます。この時、2歩めの左足の着地と、打者のインパクトのタイミングを一致させます。その瞬間に判断して、進塁なら、次に右足が着いた後にそのまま「ゴー」。帰塁なら、次に右足が着いた瞬間に踏ん張って「バック」です。

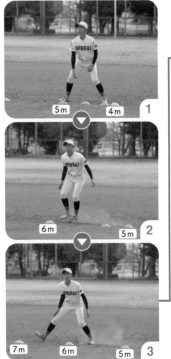

5m　4m　**1**

6m　5m　**2**

7m　6m　5m　**3**

7m　**4**

2歩のギャロップで左足が7mの地点まで2次リードを取る。パワーポジションを意識する。重心が二塁方向へ行きすぎたら戻れない。一塁方向に残りすぎたらスタートできない。

7m　**5**

7m　**6**

💡Point

2歩めのギャロップで左足は7mの地点。左足の着地をインパクトに合わせる

MENU 走塁力を身につける

11 一塁走者の偽装スタート

目的効果 相手に「走った」と思わせる偽装スタートを覚える

　一塁走者の2次リードには、「偽装スタート」もあります。盗塁のタイミングをはかる、相手バッテリーにプレッシャーをかけるといった意味があります。スタートを切るフリをするだけでは、相手は「走った」とは思いません。そこで、足幅を狭くして、ある程度の歩数を走ります。

　偽装スタートの場合も数歩走り出した後に体を投手方向へ向け、左足が7mの地点で左足の着地とインパクトを合わせます。

Point
歩幅を狭めて走る

Point
6mを過ぎたあたりで体を投手方向へ向けはじめる

Point
左足の着地をインパクトに合わせる

　1次リードの姿勢から、盗塁と同じスタートを切る。足幅を狭めて7mの手前まで走り、体を投手方向に向ける

目的
効果 二塁走者のリードの取り方と位置を覚える

　二塁走者の場合、1次リードは左足が3mの地点までのセーフティリードを取ります。位置は三塁への最短距離のラインよりも外野方向に下がったところ。ここなら、遊撃手の動きを背中で感じ取ることができます。体を二塁方向に向け、二塁手の動きを見ながら塁を離れます。ヒザを上げて小さな歩幅で後ろへ歩き、左足が3mの地点へ。体を三塁方向に向けて離れると、二塁手の動きが見えないし、帰塁しにくくなります。

　2次リードは相手のけん制の技量によって、リード幅を考えます。まず第1段階として、投手がセットポジションに入る動作で、左足が4〜5mの地点まで出ます。小刻みにつま先でステップ（シャッフル）して、常にどちらかの足のつま先が地面に着いている状態でけん制に備えます。

　そして第2段階。投手が投球動作に入り、けん制がないと判断した時点で、2歩（もしくは3歩）のギャロップを開始。左足が6〜8mの地点までリード幅を広げます。この時、左足の着地とインパクトを合わせます。駿台学園中の練習では、二塁ベースから3mの地点から9mまで1mおきにマーカーを置き、基準にしています。

　2次リードは、アウトカウントによって位置が変わります。無死または一死では送りバントや内野ゴロでの進塁を考え、三塁への最短距離のライン上。このため、2次リードの第1段階でリード幅を広げる際に、三塁への最短距離のライン上まで出ていくことになります。二死の場合はワンヒットで本塁を狙うために、外野方向に下がります。

【二塁走者のリードの取り方】

無死または一死では三塁への最短距離

二死の場合は外野方向に下がる

【二塁走者のリードの取り方】

1

Point

体を二塁方向に向けたまま、ヒザを上げて小さな歩幅で後ろへ歩く

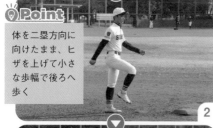

2

Point

どちらかの足のつま先が常に地面に着いているように

3

4

5m 4m

5

6m 5m

6

7m

7

8m 7m

8

Point

左足の着地とインパクトを合わせる

8m 7m

9

3 左足が3mの地点

4 セットポジションに入る動作でシャッフル開始

5 シャッフルで左足が4〜5mの地点へ（無死または一死の場合は、三塁への最短距離のライン上まで前に出る）

6 ギャロップでリード幅を広げる

9 2歩（もしくは3歩）のギャロップで左足が6mから8mの地点へ

13 三塁走者のリード

得点に直結する三塁走者のリードの取り方を覚える

三塁走者の１次リードは、左足が３ｍの地点まで。二塁走者と同様、胸を三塁の方向に向けたまま塁を離れ、ヒザを上げて小さな歩幅で後ろへ歩いていきます。この時、打球が直接当たって守備妨害でアウトにならないように、ファウルゾーンへ出ます。ただし、三塁線から離れすぎると、三塁や本塁への距離がその分だけ遠くなるので注意しましょう。左足が３ｍの地点で足踏みをしながら、投手と捕手の動きから目を離さないようにします（P118参照）。

投手が投球動作に入ったら、右足を斜め45度に一歩踏み出し、けん制の有無を確認します。

けん制がないと判断した時点で、２次リードをスタート。左足が５ｍから７ｍの地点まで出ます。目安は３歩で、つま先を本塁方向へ向けて左足、右足、左足と踏み出していく。３歩めの左足の着地と、インパクトを合わせます。進塁なら、次に右足が着いた後にそのまま「ゴー」。帰塁なら、次に右足が着いた瞬間に踏ん張って「バック」です。

２次リードは、相手の技量にもよりますが、三塁ベースから５ｍまでであれば安全圏。捕手からの送球で刺される心配はそれほどありません。

中学軟式野球では、三塁走者の判断が勝敗を左右します。ヒットや犠牲フライはもちろん、軟式球はバウンドが高くなりますから、内野ゴロで得点できる可能性が高い。スクイズやエンドランを仕掛けるケースもあるでしょうし、暴投や捕逸など守備のミスも得点につながります。走者三塁で１点をものにできるかどうかは、走者の判断の早さと正確さにかかっています。

駿台学園中では、三塁ベースも３ｍの地点から９ｍまで１ｍおきにマーカーを置いて、どこまでリードを取るのか、どういう判断をするのかを練習で積み重ねています。

【三塁走者のリードの取り方】

Point
体を三塁ベースに向けたまま、ヒザを上げて小さな歩幅で後ろへ歩く

Point
投手が投球動作に入ったら、右足を斜め45度に一歩踏み出し、けん制の有無を確認する

Point
つま先を本塁方向へ

Point
左足の着地とインパクトを合わせる

3 左足が3mの地点　**5** 2次リードをスタート　**6** 1歩め＝左足　**7** 2歩め＝右足　**8** 3歩め＝左足

13 三塁走者のリード

【捕手の動きを確認する】

　三塁走者は投手の動きに合わせて、捕手の動きを確認することが大切です。しっかり確認できていれば、ウエストやピッチアウトの有無などがわかり、次のプレーが予測できます。

　確認するタイミングは、次の3つです。投手の動きを見ながら、チラッと捕手を見て、どこに構えているかを確認しましょう。

①投手がセットポジションに入る前
②投手がセットポジションに入った後
③リリースした瞬間

A 通常の位置

B 外角ギリギリ

C ピッチアウト

　リリースの瞬間までAの位置なら、青信号。そのまま本塁方向へ踏み出して、インパクトで「ゴー」か「バック」の判断をします。Bの位置（外角ギリギリ）は黄色信号。もしウエストであれば、打者が打てない（打たない）かもしれない。捕手からの

けん制もあるかもしれません。Cの位置（ピッチアウト）なら、赤信号。リリースの瞬間にはまだ立ち上がっていなくても、立ち上がろうとする動きがわかる場合もあります。本塁方向へ踏み出すのをやめて、帰塁を考えなければなりません。

#第5章

投球動作の
基本を身につける

　よい投手は「球が速い」「変化球で空振りが取れる」「コントロールがいい」「タイミングが取りづらい」といった投球面のほか、「けん制がうまい」「守備がうまい」など、アウトを取るための長所を持っています。

　高校生になって体が成長した時に長所を見つけ、伸ばしていくために、中学生の間に「基本」を身につけておきましょう。

　投球の基本動作を知り、できるよ うになるには「ブルペンで投げ込むのが一番だ」と考える人が多いと思います。しかし、実際に球を投げる練習には、できる数に限りがあります。

　これから紹介するのは、メニューの動き自体が投球動作につながっているトレーニングです。1回1回で正しい動きを確認しながら取り組んで、投球の基本動作を身につけながら、必要な部位を強化していきましょう。

① 軸足ロングチューブ並進運動

目的
効果 **並進運動での軸足の使い方を覚え、強化する**

投球動作は「並進運動」と「回転運動」で成り立っています。

「並進運動」とは、踏み込む足を上げてから捕手方向へ体重移動していき、着地するまでの動きです。

踏み出す足を上げた時には、軸足のヒザがつま先の真上にあるようにして、軸足の内側を意識して力をためます。ヒザがつま先よりも前に出すぎてしまうと、軸足の力はヒザが向いている方向に分散されてしまいます。

捕手方向へ体重移動する時にも、軸足の内側に力が入っている状態で踏み出していきます。この「軸足ロングチューブ並進運動」では軸足の使い方を覚えながら、体幹や軸足の内側の筋肉を強化します。

Point 軸足のヒザがつま先よりも前に出すぎないようにする

Point 軸足の内側に力を入れて立つ

①軸足のヒザの上あたりにロングチューブを巻き、パートナーに保持してもらう
②踏み出す足を上げ、捕手方向に踏み出す。10回

2 踏み出し足ロングチューブ並進運動

目的
効果 **並進運動での踏み出し足の使い方を覚える**

並進運動では踏み出す足が着地る直前まで、骨盤、体幹、両肩のラインを回転させないようにします。つまり、打者に胸を見せないようにして、捕手方向に真っすぐ踏み出すということです。

並進運動を軸足の内側の力でおこなうのがポイント。もし踏み出す足に力が入りすぎていると、骨盤が早く回転して打者に胸を見せてしまったり、上半身が捕手方向に突っ込ん

だりして、回転運動で生み出す力が小さくなってしまいます。体幹にも力を入れて、体の中心軸（頭とお尻を結んだライン）を両足の真ん中でキープします。

「踏み出し足ロングチューブ並進運動」では踏み出し足に負荷がかかっていますが、あくまでも体幹と軸足の内側の力で捕手方向に真っすぐ踏み出していきしょう。

Point
軸足の内側の力で
捕手方向へ踏み出す

①踏み出す足の足首の上あたりにロングチューブを巻き、パートナーに保持してもらう②踏み出す足を上げ、捕手方向に踏み出す。10回

Point
骨盤は回転していない（打者に胸を見せていない）。体の中心軸は両足の真ん中にある

3 軸足股関節ロングチューブ回転運動

目的 効果 回転運動での軸足の股関節の使い方を覚え、強化する

踏み出した足が着地してから投げ終わるまでが「回転運動」です。踏み出した足が着地した後、軸足の股関節を内側に捻ることで骨盤が回転を始めます。骨盤の回転によって体幹が回転して、体幹の回転によって両肩のラインが回転することで、投げる側の腕が振られていきます。

並進運動の間に、投げる側のヒジを両肩のラインまで上げていきます。

①軸足の股関節にロングチューブを巻き、パートナーに保持してもらう②踏み出す足を上げ、捕手方向に踏み出す③踏み出した足が着地したら、軸足の股関節を内側に捻って骨盤を回転させていく。10回

Point

軸足の股関節を内側に捻って骨盤を回転させる

ここでのポイントは腕の力ではなく、肩甲骨の動きでヒジを上げること。まず、投げる側の手のひらの小指側を外側に捻ってグラブから出すことで、ヒジが自然に上がり始めます。そこから肩甲骨を上方回旋（P10参照）することで、ヒジが両肩のラインまで上がっていきます。

　回転運動で腕が振られ始める時（写真⑥、⑦参照）、胸を大きく張ることで、腕はより速く振られます。胸郭や肩甲骨の可動域が広ければ、胸をより大きく張ることができます。「軸足股関節ロングチューブ回転運動」では、軸足の股関節に負荷がかかっている状態で回転運動をおこないます。軸足の股関節を内側に捻って骨盤を回転させることを覚えながら、そこを強化していきましょう。

PART
1 基礎体力を身につける

PART
2 打撃の技術を身につける

PART
3 守備の技術を身につける

PART
4 走塁力を身につける

PART
5 投球動作の基本を身につける

Point
投げる側の手のひらの小指側を外側に捻ってグラブから出す

Point
胸を大きく張る

Point
軸足の股関節を内側に捻って押し込むイメージで

4 踏み出し足股関節ロングチューブ回転運動

目的
効果 回転運動での踏み出し足の股関節の使い方を覚え、強化する

並進運動で捕手方向に体重移動していき、踏み出した足が着地すると、地面からの反発力（地面反力）が生まれます。これを踏み出した足の股関節の力で受け止めます。いわゆる「軸足の股関節に体重を乗せる」状態です。

軸足の股関節を内側に捻ったこと

で骨盤は回転し始めます。この時、踏み出した足の股関節が支点になります。そして、それを軸足の股関節が追い越すようにして、骨盤が回転していきます。わかりやすくたとえると、踏み出した足の股関節がコンパスの支点になって、軸足の股関節で捕手方向に円を描いていくような

①踏み出す足の股関節にロングチューブを巻き、パートナーに保持してもらう②踏み出す足を上げ、捕手方向に踏み出す③踏み出した足の股関節を支点にして骨盤を回転させていく。10回

1

💡Point

踏み出した足の股関節の力で
地面からの反発力を受け止める

4

形です。これによって、投げる側の腕が速く振られていきます。

　もし踏み出した足の股関節の力が弱いと、地面からの反発力を受け止められず、腰が落ちたような形になってしまいます。そうなると骨盤の回転によって得られるエネルギーが小さくなり、腕が振られるスピードが遅くなってしまいます。

　投げる側の腕が振られていく時、グラブ側の腕は体に近づけ、腰よりも高い位置にくるようにします。ここで体から離れたり、腰よりも低い位置にきたりすると、体が早く開いてしまう原因になり、投げる側の腕が振られるスピードが遅くなってしまいます。

　この「踏み出し足股関節ロングチューブ回転運動」では、踏み出す足の股関節に負荷がかかっている状態で回転運動をおこないます。踏み出した足の股関節で地面からの力を受け止め、そこを支点にして骨盤を回転させることを覚えながら、股関節を強化していきましょう。

Point

軸足の股関節を内側に捻り、踏み出した足の股関節を支点にして、骨盤を回転させる

5 ロングチューブ背負い

下半身と上半身の動きを連動させ、股関節まわりや体幹を強化する

投球では、下半身（足のつま先から股関節まで）が生み出した力を体幹（胴体の部分。腹筋、背筋など）から肩甲骨、腕、そして指先へと効率よく伝えていかなければなりません。

ここまでに軸足と踏み出す足の股関節の動きで骨盤を回転させることを説明してきました。この「背負い」では、骨盤から体幹、肩甲骨の動きを連動させながら、それぞれの部位を強化していきます。

「ロングチューブ背負い」には、投げ方のタイプによって「縦」と「横」の2種類があります（次ページ参照）。どんな投げ方でも骨盤自体は横回転ですが、投球動作で投げ終わった後に顔やへそが下（地面）の方を向く人は「縦」、顔やへそが横の方を向く人は「横」でトレーニングしてください。たとえば「横」の人が「縦」でトレーニングすると、下半身と上半身の連動が難しくなってしまいます。

①自分のリリースポイントの高さに合わせて、フェンスなどにロングチューブを巻き、両手で持つ②軸足の股関節を内側に捻ることで骨盤を回転させ、チューブを引く。30回×2セット

Point
軸足の股関節を内側に捻り、踏み出した足の股関節を支点にして骨盤を回転させる

【縦】

投げ終わった後に顔やへそが
下の方を向く人は「縦」

【横】

投げ終わった後に顔やへそが
横の方を向く人は「横」

👉アドバイス!

腕は「振る」のではなく「振られる」もの

ここまで、腕が振られ始めてからリリースまでの腕やヒジ、指先の細かい動きには触れていません。それは、腕は「振る」のではなく、並進運動と回転運動の結果として「振られる」ものだから。つまり、腕が振られ始めるまでに軸足と踏み出す足、骨盤、体幹、肩甲骨などがしっかり使えていれば、その動きは結果としてついてくるということです。

ヒジや指先の使い方については感覚的な部分が大きく、本人にしかわかりません。中学生の間は、並進運動と回転運動の基本ができるのが大事。それができたら、投げすぎには注意したうえで、キャッチボールやブルペンでの投球練習などで自分なりのものを探していってください。

6 チューブ並進運動歩行

目的 効果 並進運動での軸足の力を強化する

並進運動では、軸足の内側に力が入っていることが重要です。「チューブ並進運動歩行」では、軸足の内側の力で捕手方向へ進んでいくことを意識しましょう。

踏み出す足の力で進もうとすると、骨盤が早く回転して打者に胸を見せてしまったり、上半身が捕手方向に突っ込んだりするので、注意してください。

1

2

Point
軸足の内側の力で捕手方向へ踏み出す

3

4

Point
骨盤は回転していない
（打者に胸を見せていない）

①チューブをヒザから下に巻く②両足を肩幅に広げた状態から、踏み出す足を上げて捕手方向へ踏み出す③着地する。これを繰り返して20m進む

7 ロングチューブ並進運動歩行

目的効果 並進運動での体幹と軸足の力を強化する

このトレーニングは、前ページの「チューブ並進運動歩行」の動きを、より高い負荷のロングチューブを腰に巻いておこなうものです。

腰に高い負荷を感じる分、体幹に力を入れることをより意識して、体の中心軸（頭とお尻を結んだライン）を両足の真ん中にキープしたまま捕手方向へ進んでいきましょう。

Point
軸足の内側の力で捕手方向へ踏み出す

①ロングチューブを腰に巻き、パートナーに保持してもらう②両足を肩幅に広げた状態から、踏み出す足を上げて捕手方向へ踏み出す③着地する。これを繰り返して20m進む

Point
体の中心軸を両足の真ん中にキープする

8

メディシンボール横歩き

目的
効果 **並進運動での体幹と軸足の力を強化する**

　投球動作で下半身が生み出した力を指先まで伝えていく時、間にある体幹が弱ければ、うまく伝わりません。また、体幹は正しい姿勢の保持や捻る動作に重要な役割を果たしています。「メディシンボール横歩き」では、頭の上でボールを保持することで体幹を強化します。

　また、軸足の内側の力で横へ半歩分ずつ歩くことで、並進運動での軸足の重要性を意識しながら、強化します。踏み出す足の力で横へ歩こうとすると、歩幅が大きくなります。そうならないように、半歩ずつ、しっかり取り組みましょう。

Point
ヒジは真っすぐ伸ばしたままキープする

Point
軸足の内側の力で横歩きする

①パワーポジションをつくり、両手で頭の上にボールを保持する②上半身はその姿勢をキープしたまま、半歩ずつ左（捕手方向）へ横歩きして30m進む③折り返して、右へ30m戻る

9 メディシンボール軸足ケンケン

目的効果 並進運動での体幹と軸足の力を強化する

このトレーニングは、前ページの「メディシンボール横歩き」よりも高い負荷をかけておこなうものです。軸足の股関節の力を使って、ケンケンします。地面からの反発力を股関節でしっかり受け止め、次のステップに生かします。股関節を曲げた時にヒザがつま先の真上にあるようにして、体幹と軸足の内側に力を入れます。ケンケンを2ステップした後に踏み出す足を上げる時も、体幹と軸足の内側に力を入れて、しっかり立ちましょう。

Point ヒザはつま先の真上に

Point 地面からの反発力を股関節でしっかり受け止める

Point 体幹と軸足の内側に力を入れて、しっかり立つ

①両手で頭の上にボールを保持する②上半身はその姿勢をキープしたまま、軸足で左（捕手方向）へ2歩、ケンケンする③2歩めの着地後、踏み出す足を浮かせたまま、いったん静止する④踏み出す足を上げる。これを繰り返して30m進む④折り返して、右へ30m戻る

10 メディシンボール軸足ステップ

目的
効果 **並進運動での体幹と軸足の力を強化する**

　このトレーニングは、前ページの「メディシンボール軸足ケンケン」の応用編です。メディシンボールを頭上で保持したまま、軸足で強く蹴って踏み出します。踏み出した足の着地が強くなるように意識して、取り組んでください。特に注意したいのが、ヒザがつま先の真上にある点。つま先がヒザよりも前に出すぎていたり、外側に開いていたりすると、進みたい方向（捕手方向）にうまく力が伝わりません。

Point
ヒザはつま先の真上に

Point
軸足の内側の力で捕手方向へ踏み出す

Point
地面からの反発力を使う

①両手で頭の上にボールを保持する②上半身はその姿勢をキープしたまま、軸足で地面を蹴り、左（捕手方向）へステップする③踏み出し足が着地したら、反動で軸足方向へ戻る。これを繰り返して30m進む④折り返して、右へ30m戻る

メディシンボール捕手方向スロー＆キャッチ

目的 効果 ## 並進運動と回転運動を連動させる

投球では、並進運動で生み出した力を、回転運動によって効率よく指先まで伝えなければなりません。これから紹介するトレーニングでその力の伝え方を覚えながら、軸足の内側や股関節まわり、体幹を強化しましょう。腕は「振る」のではなく「振られる」もの。腕ではなく、軸足や体幹の力を使って投げることを意識して取り組んでください。

Point
軸足のヒザはつま先の真上に

Point
骨盤は回転していない（打者に胸を見せていない）

Point
軸足の股関節を内側に捻り、踏み出した足の股関節を支点にして骨盤を回転させる。腕の力だけで投げるのではない

①2人1組になり、約5m離れる②投げる方はパワーポジションをつくり、胸の前でボールを保持する②踏み出す足を上げて捕手方向へ踏み出し、ボールを投げる④受ける方はパワーポジションでキャッチする。左右7回ずつ

12 メディシンボール両サイド叩きつけ

目的
効果
並進運動と回転運動を連動させる

P122で説明したように、踏み出した足が着地した後、軸足の股関節を内側に捻ることで骨盤が回転を始めます。骨盤の回転によって体幹、両肩のラインの順に回転して投げる

側の腕が振られていきます。

ポイントは、骨盤、体幹、両肩のラインの回転に時間差があること。言い換えると、その3つが同時に回転するわけではなく、捻じれが生じ

💡Point
軸足に体重を乗せる。軸足のヒザはつま先の真上に

💡Point
軸足の股関節を内側に捻り、踏み出した足の股関節を支点にして骨盤を回転させる。まだ体幹は回転しておらず、捻じれが生じている

①パワーポジションをつくり、体の中心軸でボールを保持する②軸足に体重を乗せながら、ボールを上げていく③踏み出す足に体重を移動していく④ボールを頭の上あたりまで持ち上げてから、踏み出した足のつま先の前あたりの地面へ叩きつける。左右10回ずつ

ます。この捻じれによって、腕はより速く振られるのです。

　捻じれがなく、骨盤と体幹、両肩のラインが同時に回転してしまうのが、いわゆる「（捕手側の）肩の開きが早い」という現象です。こうなると、下半身の力を十分にボールに伝えることができません。これは打撃でも同じです（P32「かかとスイッチ」を参照）。

　この「メディシンボール両サイド叩きつけ」では、軸足に乗せた体重を踏み出す足にしっかり移すこと、軸足の股関節を内側に捻り、踏み出した足の股関節を支点にして骨盤を回転させること、それによって体幹が捻られることを意識して取り組みましょう。

PART
1
基礎体力を身につける

PART
2
打撃の技術を身につける

PART
3
守備の技術を身につける

PART
4
走塁力を身につける

PART
5
投球動作の基本を身につける

Point
踏み出した足に体重が移動し始めても、骨盤は回転していない

Point
体幹が回転して、両肩のラインが回転したことで、腕が振られる。腕の力で叩きつけるのではない

13 メディシンボール両手スローイン

下半身と上半身を連動させ、股関節のまわりや体幹を強化する

回転運動で腕が振られ始める時、胸を大きく張ることで、腕はより速く振られます。横から見ると、体全体はアルファベットの「C」を逆にしたようになっています。サッカーのスローインの形です。

この時、肩甲骨や胸郭の可動域が十分でないと、胸を大きく張ること

1　2

Point

地面からの反発力を踏み出した足の股関節でしっかり受け止める

5

6　**Point**

股関節のまわりや体幹の力を意識する。腕の力だけで投げるのではない

①両手で頭の上にボールを保持する②軸足を一歩踏み出す③軸足でステップしながら踏み出す足を高く上げ、大きく踏み出す④頭の真上から、できるだけ遠くへ投げる。8回

ができません。これまで紹介した「肩甲骨体操」(P10〜15参照)や「胸郭可動域アップトレーニング」(P42参照)などで可動域を広げておくことが大切です。

この「メディシンボール両手スローイン」ではサッカーのスローインの投げ方で、胸を大きく張ってボールを遠くへ投げます。腕だけの力で投げるのではありません。骨盤を大きく回転させるわけではありませんが、体重を軸足から踏み出した足に移動して、股関節のまわりや体幹の力を使って腕が「振られる」のは同じ。そこを意識して投げましょう。

Point 胸を大きく張る

14 ロングチューブ叩きつけ

目的
効果
体幹と肩甲骨のまわりを強化する

　回転運動によって腕が振られていく時、体幹の捻りや肩甲骨の動きが十分でないと、それを妨げてしまいます。

　「ロングチューブ叩きつけ」は、体幹や肩甲骨を使うことを意識しておこないます。ヒジから先だけを使って叩きつけるのではありません。特に肩甲骨はP10で動きを再確認して、しっかり内転（肩甲骨を引き寄せる動き）、外転（肩甲骨を引き離す動き）させましょう。

POINT　体幹を捻り、肩甲骨を内転させる

体幹を捻り戻し、肩甲骨を外転させる

①投げる側の手でロングチューブの端を持つ。反対側の端をパートナーに持ってもらう②チューブを振り上げ、地面に叩きつける。20回×3セット

15 腸腰筋トレーニング

| 目的効果 | **腸腰筋を強化する** |

本書では、これまで何度も股関節まわりの重要性について触れてきました。なかでも足の付け根あたりの深い部分にある腸腰筋（大腰筋・小腰筋・腸骨筋の総称）は、股関節を曲げたり捻ったりする大切な役割を果たしています。もう一度、P8の「パワーポジション」とP9のアドバイス「股関節のまわりをリラックスさせる」を確認したうえでこのトレーニングに取り組み、腸腰筋をしっかり強化しておきましょう。

💡**Point**
股関節を使って体を曲げていく

💡**Point**
首を前に倒さず、パートナーの顔が見えるまで股関節を曲げる

①パートナーに両足を持ってもらい、両手を地面につく②体を前に曲げる。10回×3セット

おわりに

駿台学園中学校の野球部には、人間的成長という「目的」と、日本一という「目標」があります。目的と目標が両輪となって選手が成長していくことが理想です。どちらかに偏ってしまうとバランスがとれず、選手もチームも前に進んでいくのは難しくなってしまいます。

私たちは普段の練習から、人間的成長と、野球の技術の上達の両面を意識しています。挨拶をしっかりする。礼儀やマナーを重んじる。時間を守る。道具を大切にして整理整頓する。そし

てスピード感を持って練習に取り組むことによって、本番の試合で緊張した場面においても状況に合わせたテンポで臨むことができるようになります。

野球は、人間的成長という目的に近づくための一つの手段です。社会に出た時に、置かれた場所の第一人者となって組織を支えることができる。これからもそんな人材を育成していきたいと思います。

感動体験が生徒を成長させます。感動とは字の通り、感情が動くこと。人間は感情が動く時に何かしらの変化を

2022年のユニフォーム。金色の星は2021年までの全国大会（全国中学校軟式野球大会、全日本少年軟式野球大会）の出場回数を表している。2022年には全日本少年春季軟式野球大会に出場。全国中学校軟式野球大会では初優勝を果たした。2023年3月の全日本少年春季軟式野球大会にも出場している。

起こすことができます。指導者は、そのタイミングを逃してはいけません。

　日本一になって大きな感動がありましたが、普段の生活から小さな感動をたくさん与えられるチームでありたいと思っています。成功体験や達成感を得る体験を重ねることで、選手だけでなく保護者のみなさんやチームにかかわるすべての方がたくさんの感動に包まれて、幸せな3年間になる。それが駿台学園中の目指すべき姿です。

　本書の執筆を終えるにあたり、私は日頃からたくさんの方々に支えていただいていると、あらためて感じています。なかでも、いつも熱心に生徒を指導してくれている駿台学園中の勝谷大

コーチ、生徒の成長につながるトレーニングを提供してくださるトレーナーの佐藤恵太さん（STARDAM株式会社）には感謝の気持ちでいっぱいです。

　野球はチームスポーツです。しかし、場面場面では1対1のスポーツでもあります。自分のプレーがチーム全員の結果へとつながっていきます。だからこそ、ケガをしない体をつくりながら、個人の技術を上達させることが大切です。中学生の時期に、そのための練習方法の引き出しを多く持っていてほしい。本書がその参考になれば、うれしいです。

西村晴樹

西村晴樹 にしむら・はるき

[駿台学園中学校　軟式野球部監督]

1981年生まれ。東京都出身。江戸川区立小松川三中、二松学舎大付属高、日本体育大を卒業後に三陽商会（軟式）、米国独リーグでプレー。2007年に駿台学園中の教諭になり、野球部コーチを経て2010年に監督に就任した。2011年に全国中学校軟式野球大会に出場してベスト8進出。全日本少年野球大会と合わせて11回目（2020年の全日本少年春季大会は中止）の全国舞台となった2022年の全国中学校軟式野球大会では初優勝に導いた。

駿台学園中学校野球部

●参考文献
・辻孟彦『エース育成の新常識』（ベースボール・マガジン社）
・佐相眞澄『神奈川で打ち勝つ！超攻撃的バッティング論』（竹書房）
・佐相眞澄『打撃伝道師』（カンゼン）

デザイン／黄川田洋志、井上菜奈美（ライトハウス）、田中ひさえ、藤本麻衣
取材・構成／佐伯 要
写　　真／福地和男

ライバルに差をつけろ！
自主練習シリーズ
中学野球

2023年3月31日　第1版第1刷発行

著　　者／西村晴樹

発　行　人／池田哲雄

発　行　所／株式会社ベースボール・マガジン社

　　　　　　〒103-8482　東京都中央区日本橋浜町2-61-9 TIE 浜町ビル

　　　　　　電話　　03-5643-3930（販売部）

　　　　　　　　　　03-5643-3885（出版部）

　　　　　　振替口座　00180-6-46620

　　　　　　https://www.bbm-japan.com/

印刷・製本／広研印刷株式会社

©Haruki Nishimura 2023
Printed in Japan
ISBN 978-4-583-11599-3　C2075